Weißer Schweizer Schäferhund

A. Ketschau

AF280290

FSC
www.fsc.org

MIX

Papier aus ver-
antwortungsvollen
Quellen
Paper from
responsible sources

FSC® C105338

Bibliografische Information der Deutschen Nationalbibliothek:

Die Deutsche Nationalbibliothek verzeichnet diese Publikation in der Deutschen Nationalbibliografie; detaillierte bibliografische Daten sind im Internet über

http://dnb.d-nb.de abrufbar.

© 2023, 2., überarb. Aufl.

Herstellung und Verlag: BoD – Books on Demand, Norderstedt

Ketschau, A.

Weißer Schweizer Schäferhund

ISBN 9783757827724

Alle Rechte vorbehalten.

Bildmaterial + Texte: A. Ketschau

HINWEIS/ Haftungsausschuss:

Obwohl ich die Informationen in meinem Buch sorgfältig recherchiert habe, kann ich nicht ausschließen, dass sich irgendwo Fehler eingeschlichen haben. Eine Haftung für Schäden, gleich welcher Art, schließe ich aus!

Alle Rechte für das Buch, incl. Bild- und Textmaterial, liegen bei der Autorin. Eine Verwendung des Materials ist ohne schriftliche Zustimmung der Autorin unzulässig und strafbar!

Die Verwendung von eingetragenen Handelsmarkennamen wurde gekennzeichnet.

INHALT

Geschichte, Erscheinung und Charakter

Die Geschichte

Die Geschichte des Weißen Schweizer Schäferhundes ist eng mit der des Deutschen Schäferhundes verbunden. Weiße Herdenhunde gab es schon zu Urzeiten. Man konnte sie im Halbdunkel besser von möglicherweise angreifenden Beutegreifern wie Bären oder Wölfen unterscheiden. Die Herdenschutzhunde wogen häufig mehr als 50 kg und verteidigten die Herden gegen zwei- und vierbeinige zwielichtige Gestalten. Sie waren in der Lage, einen Wolf oder gar Bären zu töten. Die kleineren Herdenhunde, also Hüte- und Treibhunde, waren dazu da, die Herden zusammen zu halten und sie in die vom Menschen gewünschte Richtung zu treiben. Hütehunde sind wendiger und schneller als Herdenschutz- oder Hirtenhunde. Diese Hunde waren nicht grund-

sätzlich weiß, aber häufig.

Der heute bekannte und beliebte Deutsche Schäferhund entstand Ende des 19. Jahrhunderts. Er wurde von dem Rittmeister Max von Stephanitz (1864-1936) aus Hütehundschlägen verschiedener Gegenden Deutschlands herausgezüchtet. So wurden u.a. Hanauer Hunde und Pommersche Schafpudel eingekreuzt, aber

6

auch Thüringer und Württembergische Schäferhunde. Was die Entstehungsgeschichte angeht, sind der Deutsche und der Weiße Schweizer Schäferhund eine Rasse. Aber natürlich hat sich der Weiße Schweizer Schäferhund inzwischen seit vielen Jahren als eigenständige Rasse etabliert. Zwischen beiden Rassen gibt es große Unterschiede, sowohl charakterlich als auch anatomisch. Der Weiße ist sanfter und sensibler, und er hat die ursprüngliche Schäferhundform mit dem geraden Rücken behalten.

1882 wurde in Hannover der Rüde Greif ausgestellt, der erste urkundlich erwähnte weiße Schäferhund. 1888 wurde in Hamburg eine weiße Schäferhündin namens Greifa ausgestellt, und 1889 ein weißer Schäferhundrüde namens Greif 2. Der Rüde Greif wurde von Friedrich Spaarwasser erworben und mit der Hündin Lotte verpaart. Aus diesem Wurf stammte eine Hündin namens Lene. Die Farbe von Lene ist nicht bekannt, man nimmt aber an, dass sie wolfsgrau war, da Lotte diese Farbe hatte. Lene wurde mit dem Rüden Kastor verpaart, und aus diesem Wurf stammte der Rüde Hektor Linkshrein, der am 1.1.1895 geboren wurde. Hektor war ein grauer Hund, trug aber das rezessive weiße Gen, das er von seinem Großvater geerbt hatte. Hektor war das Ergebnis einer langen Zuchtreihe verschiedener Herdenhunde Deutschlands. Erst 1899 bekamen diese Hunde, die als Herden- und Gebrauchshunde gezüchtet wurden, den Namen Deutscher Schäferhund. Max von Stephanitz kaufte Hektor auf einer Karlsruher Hundeausstellung am 22. April 1899. Noch am Tag der Hundeausstellung gründeten Max von Stephanitz, Arthur Meyer und einige weitere Hundefreunde den Verein für Deutsche Schäferhunde (SV). Sie wollten die Hütehunde retten und als Gebrauchshunde etablieren, denn ihnen war klar, dass mit dem Zusammenbruch der Schafzucht als ertragreicher Wirtschaftszweig die Ära der Hütehunde ihrem Ende entgegensah. Meyer starb kurz nach Vereinsgründung, aber von Stephanitz führte den Verein bis 1935. Max von Stephanitz starb am 22. April 1936 – am Jahrestag der Vereinsgründung. Meyer und von Stephanitz legten die Rassekennzeichen fest und erarbeiteten eine Vereins- und Zuchtordnung. Bis heute blieb der seinerseits entworfene Rassestandard fast unverändert bestehen.

Hektor Linksrhein wurde in Horand von Grafrath umbenannt und kam stark züchterisch zum Einsatz. Fast alle heutigen Deutschen Schäferhunde gehen irgendwie auf Horand oder seinen Wurfbruder Luchs Spaarwasser zurück. Ein Nachkomme von Horand war der 1913 geborene Rüde Berno von der Seewiese, der 1913 als zweiter weißer Deutscher Schäferhund im SV-Zuchtbuch registriert wurde – damals war die Farbe weiß noch erlaubt. Im selben Wurf lag die weiße Hündin Berna. Bereits vor Berno wurde 1913 die weiße Schäferhündin Lotte von Burg Eltz als erster weißer Deutscher Schäferhund im SV-Zuchtbuch eingetragen. Die Anfangszucht des Deutschen Schäferhunden wurde von etwa 30 Hunden maßgeblich beeinflusst. 18 von ihnen vererbten das weiße Gen bzw waren selbst weiß. Anfangs kamen weiße Schäferhunde also recht häufig vor. Die Herkunft des weißen Schäferhundes kann somit klar genetisch belegt werden. Weiße Schäferhunde sind keine Albinos und auch sonst keine Abnormitäten. Weiße

Schäferhunde sind völlig normal pigmentiert, was man an Augen, Nasen, Lefzen, Lidrändern, Ballen und sonstigen exponierten Hautstellen gut erkennen kann. Auch weiterhin fielen weiße Welpen in der Zucht. Anfangs wurden sie als ganz normale Farbe akzeptiert. Später, mit dem Auftauchen genetischer Fehler in der Zucht, wurden sie fälschlicherweise für diese verantwortlich gemacht und nach und nach aus der Zucht ausgeschlossen. Zudem fand Max von Stephanitz keinen Gefallen an einheitlich weiß oder schwarz gefärbten Hunden, stellte aber das Aussehen nicht über die Gebrauchstüchtigkeit. Eine Zeitlang durften nur langstockhaarige, langhaarige und zotthaarige Schäferhunde weißes Fell haben. Diese wurden ebenfalls später von der Zucht ausgeschlossen. 1933 schließlich wurde der weiße Schäferhund komplett aus der Zucht des Deutschen Schäferhundes verbannt. Seitdem heißt es im Standard „Die Farbe Weiß ist nicht zugelassen." In der Folge verschwanden die weißen Schäferhunde nach und nach aus Deutschland und Europa. Weiße Schäferhunde wurden nicht mehr zur Zucht eingesetzt. Und wenn ein weißer Welpe fiel, wurde er meist sofort eliminiert. „Bedauerlicherweise" hielt sich die Natur nicht an diese Vorschriften, und so fallen bis zum heutigen Tage in manchen Linien weiße Welpen. Der Grund ist wie beschrieben sehr einfach: Greif, der Großvater von Horand von Grafrath, war weiß.

Die Farbe weiß kommt bei vielen Hunderassen vor, und die meisten davon haben keine genetischen Probleme – zumindest nicht aufgrund der weißen Fellfarbe. Außerdem wurden seit Urzeiten weiße Hunde zum Hüten und Schützen von Herden eingesetzt. Hier war die Farbe weiß – zumindest anfangs - äußerst erwünscht, und es lässt sich nicht verleugnen, dass die Farbe weiß in der Rasse des Deutschen Schäferhundes verankert ist. Wenn weiße Welpen auch häufig von vielen „Züchtern" ermordet wurden, sind sie doch ein Bestandteil in der Genetik des Deutschen Schäferhundes. In der Folge verschwanden die weißen Schäferhunde aus fast ganz Europa, nur in England hat es immer weiße Schäferhunde gegeben. Dennoch fielen und fallen weiße Welpen immer wieder in der Zucht des Deutschen Schäferhundes – bis zum heutigen Tage.

1912 importierte Ann Tracy, eine Amerikanerin mit Verbindungen zum deutschen Kaiserhaus, einige Deutsche Schäferhunde und gründete den ersten wichtigen Zwinger in Amerika. Sie bekam einige der besten Zuchttiere, die Deutschland seinerzeit hatte. Auch in ihren Würfen fielen weiße Welpen, und so verbreiteten sich die weißen Schäferhunde über Amerika. Lange Jahre wurden weiße Schäferhunde in der Zucht geduldet. Erst 1968, also viel später als in Deutschland, wurde die Farbe weiß auch hier aus dem Standard des Deutschen Schäferhundes gestrichen. Seitdem dürfen die Weißen keine offizielle Ausstellung mehr besuchen; nur das Recht zu Registrierung beim AKC (American Kennel Club) ist ihnen geblieben. Da sich bereits viele Liebhaber und Züchter der weißen Schäferhunde gefunden hatten, war ihr Siegeszug trotzdem nicht mehr aufzuhalten. Diese Liebhaber verhinderten 1981, dass in Kanada der Standard des Deutschen Schäferhundes geändert wurde. Die weißen Schäferhunde galten von da an als akzeptierte, aber unerwünschte Farbe. Auf Zuchtschauen landeten sie logischerweise schon aufgrund ihrer Farbe meistens auf den hintersten Plätzen. Der Beliebtheit des weißen Schäferhundes tat das aber keinen Abbruch. Bis heute sind sie in den USA und Kanada als Begleit-, Familien- und Arbeitshunde beliebt. 1998 wurde auch in Kanada die weiße Farbe aus dem Standard des Deutschen Schäferhundes gestrichen. Der Beliebtheit der Hunde tat das aber keinen Abbruch. Es existieren sowohl in den USA als auch in Kanada Rassehundezuchtvereine, die sich mit dem weißen Schäferhund beschäftigen. Inzwischen gibt es auch dort Tendenzen, den weißen Schäferhund als Rasse anzuerkennen. Die meisten Züchter haben sich auf farbige oder weiße Schäferhunde spezialisiert. Es gibt aber auch Züchter, die gemischte Würfe machen oder die zur Genpoolerweiterung hin und wieder farbige Schäferhunde in die weiße Zucht einkreuzen. Mit einer Anerkennung als eigene Rasse des weißen Schäferhundes würde diese Möglichkeit verschwinden, weil es sich bei den Nachkommen um Kreuzlinge handeln würde. Der verfügbare Genpool bzw die Möglichkeiten der Verpaarungen würden somit auf einen Schlag verringert.

1970 kam der erste weiße Schäferhund zurück nach Europa. Der Schweizer Kurt Kron hatte die ersten Hunde importiert und begann 1972 mit der Zucht. Auch Agatha Burch, eine Schweizerin, die in den USA gelebt hatte, importierte einen weißen Schäferhundrüden namens Lobo White Burch. Er besaß ein gültiges Exportpedigree des American Kennel Club, so dass er wohl oder übel in das Anhangsregister des Schweizerischen Hundestammbuchs eingetragen werden musste. Auch der Schweizer Standard des Deutschen Schäferhundes lässt keine weiße Farbe zu, weshalb der Eintrag den Zusatz „Zur Zucht gesperrt" erhielt. Lisbeth Mach, eine Freundin von Agatha Burch, importierte die englische weiße Schäferhündin Blinkbonny's White Lilac, die ebenfalls registriert wurde. White Lilac und Lobo wurden gekreuzt, und Lilac warf 1973 die drei Rüden Shangrila's Silverboy, Shangrila's Sunking und Shangrila's Star sowie die Hündin Shangrila's Sweetygirl. Die vier weißen Schäferhunde wurden in das Anhangsregister des Schweizer Hundestammbuchs eingetragen. Somit war dieser Wurf der erste dieser Rasse in Europa. Als Agatha Burch ihre Zucht jedoch erweitern wollte, wurden ihr weitere Eintragungen in das Anhangsregister verweigert. Sie zog in die USA zurück und nahm ihren Lobo natürlich mit. Er starb dort 1980 im Alter von 14 Jahren. Allerdings ist er heute in vielen Stammbäumen vertreten. Kurt Kron, ein Schweizer, züchtete ebenfalls weiße Schäferhunde unter dem Zwingernamen „von Kron". Sein erster Wurf fiel 1972. Er kaufte von Agatha Burch die Hündin Sweetygirl und kreuzte sie mit dem dänischen Rüden Kokes Mahalo. Ein Nachkomme aus diesem Wurf, der Rüde Champion von Kron, wurde an den Deutschen Martin Faustmann verkauft, der von Kurt Kron 1981 auch noch die Hündin Rani von Finn kaufte, die ursprünglich aus dem amerikanischen Zwinger Finn-Kennels stammte. Champion und Rani wurden verpaart und am 29.12.1981 kamen die ersten weißen Schäferhunde in Deutschland zur Welt. Faustmann züchtete unter dem Zwingernamen „Von Ronanke" (nach seinen Enkeln Ron und

Anke). Er stieß auf großen Widerstand, als er die Rasse 1981 unter dem Namen Weißer Deutscher Schäferhund in Deutschland einführen wollte. Es muss jener Widerstand gewesen sein, der dazu führte, dass Martin Faustmann die Rasse in Anerkennung an die vorrangegangene Zuchtarbeit der Amerikaner und Kanadier in Amerikanisch-Canadischer Weißer Schäferhund umbenannte. Über zwei Jahrzehnte war die Rasse unter diesem Namen bekannt und wurde als A.C. Weißer Schäferhund gezüchtet. Daran war auch der Wunsch einer Anerkennung durch die FCI geknüpft. Allerdings lässt die FCI keine zwei Länder im Rassenamen als Ursprung zu. Ein antragstellendes Land muss FCI-Land und Ursprungs- oder Patronatsland sein. Weder der CKC (Canadian Kennel Club) noch der AKC (American Kennel Club) sind FCI-Mitglieder. Außerdem hätten sie sicher keinen solchen Antrag gestellt, da sie die Rasse (noch) als Deutsche Schäferhunde betrachten. Schließlich erklärte sich die Schweiz bereit, das Patronat zu übernehmen, einen entsprechenden Rassestandard auszuarbeiten, die geforderten 8 Blutlinien (jede Blutlinie mit 8 Stammbäumen; zwischen den einzelnen Hunden dürfen keine verwandtschaftlichen Beziehungen bis zu den Großeltern bestehen) sowie den entsprechenden Antrag bei der FCI einzureichen. Der VDH lässt nur Rassen zu, die bereits FCI-anerkannt sind. In der Schweiz wurde der Weiße Schäferhund 1991 von der SKG (Schweizerischer Kynologischer Verband, FCI-angeschlossener Kennelclub) anerkannt. 1989 wurde die GWS (Gesellschaft Weisse Schäferhunde Schweiz) gegründet und 1991 in die SKG

aufgenommen. Damit war die Schweiz das erste europäische Land, das die Rasse anerkannte. Neben anderen Ländern hat die Schweiz auch einen erheblichen Anteil an der positiven Entwicklung der Rasse. So war es nur logisch, dass die Schweiz einen entsprechenden Antrag bei der FCI einreichen würde. Die Deutsche Birgit Stoll, Zuchtbuchleiterin in der 1. WS e.V. Einheit, hat im Laufe der Zeit eine umfangreiche Datenbank für weiße Schäferhunde aufgebaut und konnte die erforderlichen Linien herausfiltern. Die Rasse wurde noch in 10 weiteren FCI-Ländern anerkannt. In Deutschland wurde die Rasse erst 2004 nach Aufnahme in die FCI vom VDH anerkannt. Der BVWS (Bundesverein für Weiße Schweizer Schäferhunde) und der RWS (Rassezuchtverein für Weiße Schweizer Schäferhunde) wurden in den VDH aufgenommen. Am 1.1.2003 wurde der Weiße Schweizer Schäferhund (White Swiss Shepherd Dog / Berger Blanc Suisse) vorläufig als provisorische Rasse von der FCI anerkannt, 2011 erfolgte die endgültige FCI-Anerkennung als definitive Rasse. Die FCI (Fédération Cynoloquiqe Internationale) ist der internationale Dachverband der Hundezucht, der knapp 80 Länder angeschlossen sind. Bei der FCI sind für über 350 Rassen Standards hinterlegt. Verbandskörperschaften oder Vereine, die der FCI angeschlossen sind, müssen FCI-anerkannte Rassen ebenfalls anerkennen und ggfs. entsprechende Rassevereine aufnehmen, sofern diese die Bedingungen erfüllen. FCI-Verbandskörperschaften angeschlossene Vereine müssen auch den FCI-Standard übernehmen.

Erscheinung und Charakter

Der Weiße Schweizer Schäferhund ist muskulös, mittel- bis übermittelgroß, stock- oder langstockhaarig. Er ist mittelkräftig, stehohrig und hat einen mittelschweren Knochenbau sowie elegante, harmonische Körperumrisse. Der Weiße Schweizer Schäferhund soll ein mäßig langes Rechteckformat aufweisen, d.h. er ist geringfügig länger als hoch, darf dabei aber nicht kurzbeinig wirken. Die Widerristhöhe soll zwischen 53 und 66 cm liegen, das Gewicht zwischen 25 und 40 kg. Die beiden Haararten (kurzes Stockhaar und Langstockhaar) dürfen miteinander verpaart werden. Das Fell besteht aus Deckhaar und dichter Unterwolle und schützt gegen Nässe, Kälte und bis zu einem gewissen Grad sogar vor Hitze. Dennoch braucht der Weiße Schweizer Schäferhund bei heißem Wetter einen kühlen, schattigen Platz und natürlich ausreichend Trinkwasser. Natürlich haart der Weiße, aber mit einer vernünftigen Ernährung, täglichem Staubsaugen und regelmäßigem, gründlichen Bürsten hält sich das in Grenzen. Hauptsächlich haart er im Fellwechsel zweimal jährlich, aber manche Hunde scheinen ständig leicht abzuhaaren. Ein vernünftig ernährter Hund riecht auch nicht unangenehm im Gegensatz zu mit Getreideabfällen traktierten Hunden, die über die Haut permanent zu entgiften versuchen. Die meisten Rassevertreter sind nahezu bis rein weiß. Manche Hunde weisen leichte bis starke gelbliche oder rötliche Verfärbungen auf, die meistens an den Ohren, am Rücken und an der Rute zu erkennen sind. Manche Hunde haben auch eine „Maske" im Gesicht. Das ist nicht erwünscht, aber kein Weltuntergang, und ein entsprechender Hund sollte nicht alleine aufgrund des nicht perfekt gefärbten Fells aus der Zucht verbannt werden. Auch eine Schnee- oder Wechselnase ist nicht erwünscht, aber zur Zucht zugelassen. Hierbei hellt das Nasenpigment in der kälteren Jahreszeit auf und kann ganz rosa werden, dunkelt aber in der wärmeren Jahreszeit wieder nach. Ein ganzjährig nicht pigmentierter Hund sowie blauäugige Tiere sind in der Zucht jedoch nicht geduldet. Hunde mit leichten Pigmentmängeln und Wildfärbung sollten mit Hunden verpaart werden, die gut gefärbt und pigmentiert sind. Vor allem englische oder schwedische Weiße Schweizer Schäferhunde sind in der Zucht begehrt, weil sie den Genpool „aufpeppen" können. Und gerade solche Hunde haben oft ein nicht perfekt gefärbtes Fell. Allerdings sind Wildfärbungen

kein Weltuntergang, und ein ausreichender Genpool und gesunde Hunde sollten wichtiger sein als ein reinweißer Hund mit pechschwarzem Pigment. Im Alter
kann es passieren, dass ein Weißer Schweizer Schäferhund etwas gelblicher wird
und/ oder das Hautpigment leicht aufhellt. Auch Kastration kann das Pigment

aufhellen lassen; ebenso haben Weiße Schweizer Schäferhunde bei kaltem
Klima oft stärkere Wildfärbung, was sich oftmals in der wärmeren Jahreszeit wieder gibt. Auch Möhren, Luzerne, Blut, Algen usw können das Fell bei manchen
Hunden vergilben lassen. Allerdings darf einem Hund kein lebenswichtiger Nährstoff vorenthalten werden, nur damit er schön weiß bleibt! Und es reagieren
auch nicht alle Hunde gleich darauf. Tragende und säugende Hündinnen sind
meist sehr stark pigmentiert, was nach der Trage- und Säugephase bei manchen Hündinnen wieder nachlässt. Kastration kann zu Aufhellungen des Fells und
des Hautpigments führen. Leichte Pigmentmängel sind nicht erwünscht (z.B. fleckige Pigmentverluste an den Lefzen), aber zur Zucht zugelassen, während
starke Pigmentmängel (z.B. Rubinnase, also ganzjährig rosa Nase, oder völlig
rosa Ballen usw) den Hund von der Zucht ausschließen. Läufige Hündinnen
schwächeln manchmal im Pigment und bekommen eine stärkere Wildfärbung,
was sich nach der Läufigkeit wieder einpendelt. Es ist erwünscht, wenn die Haut
komplett schwarz oder blau pigmentiert ist. Allerdings kann die schwarze Farbe
auch an den sichtbaren Hautstellen (Ballen, Nasen, Lefzen, Lidränder) zum Aus-
druck kommen und blaue oder schwarze Flecken die restliche Haut bedecken.
Manche Hunde haben auch helleres Hautpigment und das dunkle Pigment ist
nur an den sichtbaren Stellen zu erkennen. Ein Hund wird nicht krankheitsanfälli-
ger, nur weil (vorübergehend oder ständig) das Pigment etwas schwächelt. Ein
Weißer Schweizer Schäferhund ist pflegeleicht. Er wird nicht schmutziger als andere Hunde. Sobald das Fell trocken ist, fällt der Schmutz heraus oder kann aus-
gebürstet werden, da die Haut leicht rückfettend wirkt. Bäder sind meistens nicht

öfter als zweimal im Jahr nötig, zu viele Bäder mit Zusätzen können auch zu Hautirritationen führen. Der Weiße Schweizer Schäferhund soll nach vorne gerichtete, mittelgroße Stehohren haben. Er soll über ein vollzahniges Scherengebiss (die Schneidezähne des Oberkiefers greifen geringfügig über die des Unterkiefers) mit 42 Zähnen verfügen. Der Rücken ist horizontal gerade und dann zur Kruppe hin ganz sanft abfallend. Dadurch wird auch die Wahrscheinlichkeit auf das Vorkommen von HD stark gemindert. Der Weiße Schweizer Schäferhund ist vielseitig einsetzbar – Hütehund, Begleithund, Familienhund, Therapiebegleithund, Fährtenhund, Mantrailing, ja sogar vor dem Schlitten sieht man hin und wieder Weiße Schweizer Schäferhunde. Der Weiße braucht Auslauf und Beschäftigung. 2-3 Stunden sollte der gesunde, erwachsene Weiße Schweizer Schäferhund spazieren gehen. Meist reicht das alleine nicht aus, sodass man sich nach einer guten Beschäftigung umsehen sollte. Für den Welpen reicht anfangs eine halbe bis eine Stunde Auslauf täglich, natürlich nicht am Stück, sondern auf 3-6 kleine Spaziergänge über den Tag verteilt. Diese dienen der Beschäftigung, der Versäuberung und der Prägung und Sozialisierung. Außerdem helfen sie beim Bindungsaufbau zwischen Mensch und Hund. Mit zunehmendem Alter des Hundes kann man Spaziergänge, Sport und Beschäftigung weiter ausbauen. Bei alten oder kranken Hund muss man die Beschäftigung und Bewegung ebenfalls entsprechend anpassen. Später gehe ich noch auf das Thema Beschäftigung ein. Der Weiße gehört ins Haus oder in die Wohnung zu seinen Menschen und nicht nach draußen gesperrt. Eine Stadtwohnung ist nicht ideal, aber es kann funktionieren, wenn man Möglichkeiten für Beschäftigung und Auslauf hat. Der Weiße liebt das Landleben. Auch in einem Häuschen mit Grundstück am Waldrand lässt es sich gut leben. Er ist extrem anhänglich und würde am liebsten ununterbrochen bei seinen Menschen sein. Dennoch kann auch ein Weißer Schweizer Schäferhund lernen, täglich rund fünf Stunden alleine zu bleiben (bei längerem Alleinebleiben sollte man sich nach einer Alternative wie einem privaten Hundesitter oder einer guten Hundetagesstätte umsehen). Der Weiße ist manchmal etwas zurückhaltend, es darf sich aber keine Angst, Scheu oder Aggression zeigen. Man muss keine Erziehungskurse besuchen, aber man sollte einige gute Bücher zum Thema Erziehung, Beschäftigung und Verhalten sowie Ausbildung und Sport lesen. Der Hund wird sowieso zuhause und auf den Spaziergängen erzogen, nicht auf irgendeinem Hundeplatz. Dennoch kann der Hundeplatz etwas Sinnvolles sein. An anderer Stelle gehe ich darauf weiter ein. Der Weiße ist leichtführig und leicht erziehbar. Das heißt aber nicht, dass sich die Erziehung von alleine erledigt. Auch der Welpe sollte schon früh gut erzogen und sozialisiert werden. Und der Weiße braucht Auslauf und Beschäftigung. Der gut sozialisierte Weiße Schweizer Schäferhund kann (fast) überall hin mitgenommen werden und bleibt Zeit seines Lebens (10-17 Jahre, durchschnittlich 12-15 Jahre) ein treuer, zuverlässiger Begleiter. Er ist intelligent, kinderlieb und lässt sich von den eigenen Kindern einiges gefallen, bevor es zu Abwehrreaktionen kommt, die auf hündische Art Blessuren nach sich ziehen kann. Man sollte Kinder frühzeitig an den richtigen Umgang mit dem Hund heranführen und dem Hund Ruheplätze zur Verfügung stellen, die natürlich von allen Familienmitgliedern akzeptiert werden. Und: bei fremden Kindern kann die Geduld schneller zu Ende sein! Auf alle Fälle ist der Weiße ein toller Begleiter, der in vielen Bereichen brillieren kann. Man schätzt, dass in Deutschland jährlich rund 1000 WSS-Welpen geboren werden, davon ca. 300-400 in VDH-kontrollierter Zucht, es gibt aber auch seriöse Vereine außerhalb des VDH.

Der FCI-Rassestandard

Standard FCI Nr. 347

12.08.2011/DE

WEISSER SCHWEIZER SCHÄFERHUND (Berger Blanc Suisse)

ÜBERSETZUNG: Gesellschaft Weisse Schäferhunde Schweiz, Uwe H.Fischer und Dr. J.-M. Paschoud, ergänzt und überarbeitet Christina Bailey / Offizielle Originalsprache: (FR).

URSPRUNG: Schweiz.

DATUM DER PUBLIKATION DES GÜLTIGEN OFFIZIELLEN STANDARDS: 04. 07. 2011.

VERWENDUNG: Familien- und Begleithund

KLASSIFIKATION F.C.I.: Gruppe 1 Hütehunde und Treibhunde, (ausgenommen Schweizer Sennenhunde. Sektion 1 Schäferhunde Ohne Arbeitsprüfung.

KURZER GESCHICHTLICHER ABRISS: In den USA und Kanada konnten sich Weisse Schäferhunde allmählich zu einer eigenständigen Rasse entwickeln. Anfangs der 70-er Jahre wurden die ersten Tiere in die Schweiz importiert. Der amerikanische Rüde „Lobo", geboren am 05. März 1966, kann als Stammvater der Rasse in der Schweiz angesehen werden. Aus Verbindungen mit diesem in der Schweiz registrierten Rüden sowie weiteren Importhunden aus den USA und Kanada wurden die Weissen Schäferhunde allmählich über ganz Europa verbreitet, wo sie heute, über Generationen rein gezüchtet, in großer Zahl leben. Deshalb werden diese Hunde seit Juni 1991 in der Schweiz als neue Rasse im Anhang des Schweizerischen Hundestammbuches (SHSB) geführt.

ALLGEMEINES ERSCHEINUNGSBILD: Kräftiger, gut bemuskelter, mittelgroßer, stehohriger, stockhaariger oder langstockhaariger weisser Schäferhund von gestrecktem Format, mittelschwerem Knochenbau und eleganten, harmonischen Körperumrissen.

WICHTIGE PROPORTIONEN: Mäßig langes Rechteckformat. Verhältnis Rumpflänge (von der Bugspitze zum Sitzbeinhöcker gemessen) zu Widerristhöhe – 12 : 10. Die Distanz vom Stop bis zum Nasenschwamm ist geringfügig grösser als die vom Stop bis zum Hinterhaupthöcker.

VERHALTEN / CHARAKTER (WESEN): Lebhaftes und ausgeglichenes Temperament, bewegungsfreudig, aufmerksam mit guter Führigkeit. Von überwiegend freundlicher, aber unaufdringlicher Kontaktbereitschaft. Hohe soziale Kompetenz und Bindungsbereitschaft. Niemals ängstlich oder inadäquat aggressiv. Ein freudiger und gelehriger Arbeits- und Sporthund mit Potenzial für vielseitige Ausbildungen. Hohe soziale Kompetenz und Anpassungsfähigkeit lassen eine ausgezeichnete Integration in das soziale Umfeld zu.

KOPF: OBERKOPF: Kräftig, trocken und fein modelliert, zum Körper passend. Von oben und von der Seite gesehen keilförmig. Die oberen Begrenzungslinien von Schädel und Fang sind parallel. Schädel: Nur wenig gewölbt, angedeutete Mittelfurche. Stop: Geringfügig ausgeprägt, aber deutlich erkennbar. GESICHTSSCHÄDEL: Nasenschwamm: Mittelgroß; schwarzes Pigment erwünscht, Wechselnase und aufgehellter Nasenschwamm zulässig. Fang: Kräftig und im Verhältnis zum Schädel mäßig lang; Nasenrücken und untere Fanglinie gerade, zur Nase hin leicht zusammenlaufend. Lefzen: Trocken, gut anliegend, möglichst vollständig schwarz. Kiefer/Zähne: Kräftiges und vollständiges Scherengebiss, wobei die Zähne senkrecht im Kiefer stehen sollen. Augen: Mittelgroß, mandelförmig, leicht schräg eingesetzt; Farbe braun bis dunkelbraun; Lider gut anliegend; schwarze Lidränder erwünscht. Ohren: Hoch angesetzte, gut aufrecht getragene, parallel nach vorn gerichtete große Stehohren in Form eines länglichen, oben leicht abgerundeten Dreiecks.

HALS: Mittellang, gut bemuskelt und harmonisch auf den Körper aufgesetzt; keine Wammenbildung; die elegant geschwungene Nackenlinie verläuft ohne Unterbrechung vom mäßig hoch getragenen Kopf bis zum Widerrist. KÖRPER: Obere Profillinie: Kräftig, muskulös, mittellang. Widerrist: Betont. Rücken: Horizontal, fest. Lenden: Stark bemuskelt. Kruppe: Lang und von mittlerer Breite, zum Rutenansatz sanft abfallend. Brust: Nicht zu breit, tief, (ca. halbe Widerristhöhe), bis zu den Ellenbogen reichend; ovaler, weit nach hinten reichender Brustkorb, deutliche Vorbrust. Untere Profillinie und Bauch: Straffe, schlanke Flankenpartie; Bauchlinie leicht aufgezogen.

RUTE: Rundum buschig behaarte Säbelrute, die sich zur Spitze hin verjüngt; eher tief angesetzt, mindestens bis zum Sprunggelenk reichend; in Ruhe hängend oder im unteren Drittel leicht aufgebogen; in der Bewegung höher, aber nie über der Rückenlinie getragen.

GLIEDMASSEN:

VORDERHAND: Allgemeines: Kräftig, sehnig, mittelschwer. Von vorne gesehen gerade; nur mäßig breiter Stand; von der Seite gesehen gut gewinkelt. Schultern: Langes und gut schräg gestelltes Schulterblatt; gute Winkelung; ganze Schulterpartie stark bemuskelt. Oberarm: Von genügender Länge, stark bemuskelt. Ellenbogen: Gut anliegend. Unterarm: Lang, gerade, sehnig. Vordermittelfuß: Fest und nur wenig schräg gestellt. Vorderpfoten: Oval; Zehen dicht aneinanderliegend und gut gewölbt; feste, widerstandsfähige, schwarze Ballen; dunkle Krallen erwünscht.

HINTERHAND: Allgemeines: Kräftig, sehnig, mittelschwer. Von hinten gesehen gerade und parallel, nicht zu breit stehend; von der Seite gesehen gut gewinkelt. Oberschenkel: Mittellang, mit starker Bemuskelung. Knie: Ausreichend gewinkelt. Unterschenkel: Mittellang, schräg, mit festen Knochen und gut bemuskelt. Sprunggelenk: Kräftig, gut gewinkelt. Hintermittelfuß: Mittellang, gerade, sehnig. Hinterpfoten: Oval, etwas länger als Vorderpfoten; Zehen dicht aneinander liegend und gut gewölbt; feste, widerstandsfähige, schwarze Ballen; dunkle Krallen erwünscht.

GANGWERK: Rhythmischer Bewegungsablauf, gleichmäßig zügig und ausdauernd; weit ausgreifender Vortritt und kraftvoller Schub; im Trab raumgreifend und leichtfüßig.

HAUT: Ohne Falten, dunkel pigmentiert.

HAARKLEID: Haar: Mittellanges Haar: Dicht, gut anliegendes Stockhaar; reichliche Unterwolle überdeckt von kräftigen, geraden Grannen; Fang, Gesicht, Ohren und Vorderseite der Läufe sind kürzer behaart; am Nacken und an der Rückseite der Läufe etwas länger. Leicht gewelltes, hartes Haar zulässig. Langes Haar: Dicht, gut anliegendes Stockhaar, reichliche Unterwolle überdeckt von kräftigen, geraden Grannen; Fang, Gesicht, Ohren und Vorderseite der Läufe sind kürzer behaart; am Hals formt das lange Haar eine deutliche Mähne, an der Rückseite der Läufe einen längeren Behang und das Haar an der Rute ist buschig. Leicht gewelltes, hartes Haar zulässig. Farbe: Weiss.

GRÖSSE UND GEWICHT: Widerristhöhe: Rüden 58 – 66 cm; Hündinnen 53 – 61 cm; Gewicht: Rüden ca. 30 – 40 kg; Hündinnen ca. 25 – 35 kg. Typvolle Hunde dürfen wegen leichter Unter- oder Übergröße nicht ausgeschlossen werden.

FEHLER: Jede Abweichung von den vorgenannten Punkten ist als Fehler anzusehen, dessen Bewertung in genauem Verhältnis zum Grad der Abweichung stehen sollte und dessen Einfluss auf die Gesundheit und das Wohlbefinden des Hundes zu beachten ist, und seine Fähigkeit, die verlangte rassetypische Arbeit zu erbringen.

• Schwache Wildfärbung (schwache gelbliche oder lohfarbene Schattierung) an Ohrenspitzen; Rücken und Oberseite der Rute. • Fleckige Pigmentverluste an Nasenschwamm, Lefzen und/oder Lidrändern. • Afterkrallen. Außer in Ländern, in welchen die Entfernung der Afterkrallen gesetzlich verboten ist.

SCHWERE FEHLER:

• Plumpe Erscheinung, zu kurzes Gebäude (quadratisches Format). • Mangelndes Geschlechtsgepräge. • Fehlen von mehr als zwei PM1. Die M3 werden nicht berücksichtigt. • Hängeohren, Kippohren, Knickohren. • Stark abfallende Rückenlinie. • Ringelrute, Knickrute, Hakenrute, Rute über dem Rücken getragen • Weiches, seidiges Deckhaar; wollig, lockig, nicht am Körper anliegend; ausgesprochenes Langhaar ohne Unterwolle. • Deutliche Wildfärbung (deutliche, gelbliche oder lohfarbene Verfärbung) an Ohrspitzen, Rücken und Oberseite der Rute.

DISQUALIFIZIERENDE FEHLER:

• Aggressive oder übermäßig ängstliche Hunde. • Hunde, die deutlich physische Abnormalitäten oder Verhaltensstörungen aufweisen müssen disqualifiziert werden. • Ängstlichkeit, hochgradige Schreckhaftigkeit, Angstaggressivität, inadäquate Aggression, lethargisches Verhalten. • Ein Auge oder beide Augen blau, hervortretendes Auge. • Entropium, Ektropium. • Vor- und Rückbiss, Kreuzbiss. • Völliger Pigmentverlust an Nasenschwamm, Lefzen und/oder Lidrändern. • Völliger Pigmentverlust an Haut und Ballen. • Albinismus. N.B.: Rüden müssen zwei offensichtlich normal entwickelte Hoden aufweisen, die sich vollständig im Hodensack befinden.

Fütterung

Auch das Thema Fütterung kann ich hier nur anschneiden, wobei ich nur jedem Hundehalter empfehlen kann, sich mit der **Rohfütterung**, die es in verschiedenen Ausführungen gibt, vertraut zu machen. Richtig zusammengestellt, ist die Rohfütterung die beste, gesündeste und natürlichste Art, einen Hund zu ernähren. Wer dennoch **Fertigfutter** (oder Fertigfutter und Rohfütterung kombiniert) geben möchte, sollte dabei einiges beachten, denn die überwiegende Mehrheit des Fertigfutters ist Getreidepampe, die unsere Hunde und Katzen krank macht und umbringt. Krebs-, Zahn- und Nierenleiden sind nur drei mögliche Folgen solchen Futters. Dennoch muss ich an dieser Stelle betonen, dass es einige wenige Hersteller gibt, die gutes Fertigfutter anbieten. Auch gesunde Snacks wie bestimmte Hundekekse (die meist nur in speziellen Hundebäckereien erhältlich sind – man kann Hundekekse aber auch selbst backen) oder Trockenfisch und Trocken-fleisch gibt es von einigen Anbietern. In den allermeisten Fällen wird vollkommen ungeeignetes Futter angeboten, das zu 80 % oder mehr aus Getreideabfällen besteht. Wölfe in der Natur machen sich nicht über ein Getreidemüsli vom Feld her! Und obwohl Hunde Getreide bzw Stärke ein wenig besser verstoffwechseln können als Wölfe (beide können Getreide in Maßen verwerten, Hunde etwas besser als Wölfe), sollte man Hunde niemals auf Getreidebasis ernähren, wie das bei fast ausnahmslos allen Trockenfuttern und auch einem überwiegenden Teil der Dosenfutter der Fall ist. Ansonsten enthält solches Futter noch ein paar Schlachtabfälle bzw Tierische Nebenerzeugnisse. Das sind Dinge, die für den menschlichen Verzehr nicht tauglich sind, wie z.B. Krallen, Hufe, Lefzen, Haare, Schuppen, Federn, Darminhalt, tote Tiere aus Tierkörperverwertungsanstalten usw. Manchmal sind damit auch Innereien, Schweinsohren, Hühnchenfüße usw gemeint, die in Maßen als Leckerli gefüttert werden dürfen (Innereien natürlich auch als Bestandteil der regulären Mahlzeit). Außerdem enthält dieses Futter auch Lockstoffe, damit der Mist auch gefressen wird. Um die Pampe für das menschliche Empfinden etwas weniger unappetitlich erscheinen zu lassen, wird Zucker oder Caramell zugefügt. Dies wiederum ist für Hunde sehr ungesund und führt u.a. zu Zahnschäden. Dass solches Futter für einen Beutegreifer nicht ge-sund ist, dürfte nun jedem einleuchten. Es gibt aber auch einige Anbieter, die besseres Futter auf den Markt bringen (z.B. Rinti™, aber auch einige andere). Ein gutes Futter wird normalerweise als Nassfutter angeboten, also in Schalen, Beu-teln oder Dosen. Es besteht zu mindestens 50 % aus Fleisch und Innereien (Inne-reien bis zu 1/3 der Gesamtfleischmenge), besser 60-70 %. Zudem gibt es auch Vollfleischdosen, bei denen noch ein kleiner Anteil pflanzlicher Bestandteile (z.B. Haferflocken, geraspelte Karotten) sowie eventuell eine Phosphor-/ Calcium-quelle (z.B. zermörserte Eierschale, Knochenmehl) und je nach Zusammenstel-lung der Dose eventuell auch etwas Fett (Öl....) zugegeben werden müssen. Allerdings sind auch viele Dosenfutter minderwertig. Ein kleiner Teil Gemüse, Ge-treide sowie eine Calciumquelle (z.B. Knochenmehl) im Futter ist in Ordnung bzw sollte enthalten sein. Man kann auch Vollfleischdosen füttern, die zu 100 % aus Fleisch und Innereien bestehen. Hier muss wie gerade erwähnt noch ein kleine-rer Teil pflanzlicher Nahrung zugegeben werden, wie z.B. Dinkelflocken oder ge-raspelte Möhren. Fett ist meistens ausreichend enthalten, kann aber bei Bedarf ergänzt werden. Eventuell muss man auch etwas Calcium/ Phosphor ergänzen, z.B. durch Knochenmehl. Wird nur hin und wieder eine Vollfleischdose gefüttert und ansonsten ausgewogene BARF-Mahlzeiten oder ausgewogenes Dosenfut-ter, kann man auch gelegentlich eine Vollfleischdose pur geben. Kommt es wirk-lich nur hin und wieder vor und wird vom Hund vertragen, spricht nichts dage-gen. Vollfleischdosen können auch als – wenn auch nicht ganz perfekte – Alter-native zum Barfen verwendet werden, falls man kein Rohfleisch füttern möchte oder kann, z.B. wenn man im Urlaub kein Frischfleisch mitnehmen kann oder möchte und vor Ort Schwierigkeiten hat, qualitativ geeignetes Frischfleisch zu bekommen. Dann kann man eine Vollfleischdose mit etwas geraspeltem Ge-müse oder ein paar Haferflocken mischen und verfüttern. Auch, wenn man aus anderen Gründen nicht barfen kann oder möchte, können mit bestimmten Zusätzen ergänzte Vollfleischdosen eine Alternative darstellen. Es gibt auch BARF-Shops im Internet, bei denen man Fleisch, Zusätze und ganze BARF-Mahlzeiten kaufen kann. Die Qualität und das Angebot sind dabei sehr unterschiedlich bei den einzelnen Anbietern. Wie beim Fertigfutter ist von absolut minderwertigen bis hin zu sehr guten Produkten alles vertreten. Einige Tiergeschäfte haben inzwischen ebenfalls BARF-Zusätze und gefrorenes Fleisch im Angebot. Auch hier ist

die Qualität nicht einheitlich. Wenn nicht angegeben ist, aus wieviel Prozent Fleisch ein Fertigfutter besteht, oder heißt es nur „5 % Fleisch und Tierische Nebenerzeugnisse" oder „Fleisch, davon 5 % Hase" ohne weitere Erläuterungen, sollte man die Finger von dem Futter lassen, denn es ist wahrscheinlich auch ziemlich minderwertig. Meistens sind dann wirklich nur 5 % Fleisch / Schlachtabfälle enthalten, der Rest ist undefinierbar und besteht meist aus Getreideabfällen. Solches Futter nutzt nur der Gewinnmaximierung des Herstellers, nicht dem Hund oder seinem Besitzer. Es macht Hunde und Katzen krank! Große, stinkende und viele Häufchen des Hundes, mattes Fell, Gestank des Hundes und natürlich unappetitlich aussehendes und stinkendes Futter u.a. sind meistens ein Garant für minderwertige Nahrung. Ein gutes Futter wird meistens gut vertragen und sieht auch gut aus. Im Schnitt rechnet man 2-3 % des Körpergewichts des Hundes für seine Futtermenge, d.h. 2-3 % vom Körpergewicht des Hundes erhält der Hund in Gramm an Hundefutter in seinem Napf. Bei minderwertigem Futter wird meist eine höhere Grammzahl empfohlen, was kein Wunder ist. Der Hund bekommt nicht was er braucht und wird natürlich nicht satt. Und durch die Lockstoffe frisst er immer weiter. Je nach Situation und Beanspruchung des Hundes (Alter, Gewicht, Aktivität, Laktation (Säugeperiode), Trächtigkeit, Bewegung, Sport, Außentemperatur, Gesundheitszustand usw) kann die benötigte Nährstoff- und Futtermenge natürlich auch etwas nach oben oder unten schwanken. Trächtige und säugende Hündinnen benötigen ebenso wie wachsende Welpen meistens mehr Futter (gemessen an ihrem Gewicht) als normal beanspruchte oder zum Beispiel auch kranke Hunde oder auch eine etwas andere Zusammensetzung. Sehr großer Appetit des Hundes bei gleichzeitiger Abmagerung sollten genau unter die Lupe genommen werden. Vielleicht ist der Hund krank oder hat Würmer. Allerdings sorgen Würmer auch manchmal für verminderten Appetit.

Frisches Wasser muss natürlich immer bereit stehen. Die Futter- und Wasserschüsseln werden mindestens 1 mal täglich gründlich gereinigt. Futter sollte nicht ständig zur Verfügung stehen. Frisch- und Dosenfutter verdirbt schneller (besonders im Sommer) und kann Insekten anlocken. Außerdem kann ständiges Bereitstehen des Futters den Hund zum Mäkeln erziehen. Allerdings kann die sofortige Wegnahme des Napfes, sobald der Hund sich kurz davon abwendet, dazu führen, dass man einen Fresssack bekommt, der alles in sich hineinstopft, was er bekommen kann, denn das Futter könnte ihm ja weggenommen werden. Am besten wartet man ab, bis der Hund sich nicht mehr für das Futter interessiert und nimmt den Napf erst einige Minuten später weg. Reste werden entweder entsorgt oder bis zur nächsten Mahlzeit im Kühlschrank aufbewahrt. Das Futter sollte im Tiefkühler (Frischfutter) aufbewahrt und langsam im Kühlschrank aufgetaut werden. Wenn der Hund kaltes Futter nicht gut verträgt, sollte man es ca. eine halbe Stunde vor Verfütterung aus dem Kühlschrank nehmen, um es auf Zimmertemperatur zu bringen. **BARF-Mahlzeiten** kann man komplett servierfertig in Kunststoffdosen oder -beuteln einfrieren, aber auch täglich frisch zubereiten. Ersteres ist meiner Erfahrung nach praktischer und praktikabler. Auch wenn man Futter nicht dauernd zur Verfügung stellen sollte, ist es gut, dem Hund immer ein Kauleckerli zu geben. Das ist gut für sein Gebiss und beschäftigt ihn, wenn er alleine ist. So kommt er nicht so schnell auf dumme Gedanken. Geeignet sind sämtliche Stücke aus getrockneter Rinder- und Büffelhaut, Kaninchenohren, Schweinsohren, Rinderohren, Lammohren usw. Diese kann man im Fachhandel kaufen. Auch rohe Knochen (ROHE Knochen! Gegarte bzw erhitzte Knochen können splittern und den Hund böse verletzen!) sind geeignet, natürlich nicht vom Schwein. Der Hund sollte vorsichtig an rohe Knochen gewöhnt werden und immer Fleisch dazu bekommen, so dass er die Knochen besser verdauen kann. D.h., das Fleisch sorgt dafür, dass die Magensäfte gebildet werden können. Hühner- und Putenhälse, Rinder- und Kalbsschwänze, Kaninchenkeulen, Lammbeine usw sind geeignet. Hunde, die Probleme mit den Zähnen haben oder alte Hunde können auch gewolfte Knochen, Knochenmehl oder Calciumcitrat in ihr Futter bekommen, um sicherzustellen, dass sie genügend Calcium und Phosphor erhalten. Welpen und Junghunde bekommen anfangs nur wenige und weiche Knochen. Zuviele Knochen können zu Durchfall, Erbrechen oder Verstopfung führen. Entgegenwirken kann man Verstopfung z.B. mit roher Leber (rohe Leber führt ab, gekochte Leber kann stopfen). Ebenso kann ein erhöhter Rohfasergehalt (z.B. geraspelte rohe Möhren) helfen. Auch etwas Milch (einige Schlucke) oder Käse können Abhilfe schaffen. Zuviel kann allerdings zu Durchfall führen. Viele Hunde vertragen Laktose nicht so gut, weil ihnen das erforderliche Enzym (Laktase) fehlt. Bei einigen Hunden stellt sich das Enzym ein, wenn immer mal in kleinen Mengen entsprechende Lebensmittel ins Futter gemischt werden und die Menge langsam gesteigert wird. Andere werden solche Lebensmittel nie vertragen, auch nicht bei sorgfältiger Gewöhnung. Aber Hunde können auch Allergien oder Unverträglichkeiten gegen bestimmte Eiweiße oder andere Futterbestandteile entwickeln, die dann natürlich gegen geeignete, gleichwertige Komponenten getauscht werden müssen. Ganze Futtertiere wie Kaninchen oder Hühner kann man auch wolfen. Man kann das Futter auch für alte Hunde oder Welpen wolfen, ebenso für Hunde mit Zahnproblemen oder solche, die etwas mäkelig sind und ihr Futter nur fressen, wenn man anderes untermischt. Das kann bestimmtes Dosenfutter sein, Käse, Eier, Nudeln, Würstchenwasser, Brühe von ausgekochten Markknochen usw. Nudeln sollten gekocht werden, Eier können gekocht, gebraten oder roh geschlagen verfüttert werden. 1-3 Eier wöchentlich reichen aus. Allgemein wird empfohlen, einen Fastentag in der Woche einzulegen, bei dem der Hund nur Wasser und nichts zu fressen erhält. Ob das sinnvoll für einen Haushund ist, sei dahin gestellt. Bei Welpen oder kranken Hunden ist es gefährlich. Zu dicke Hunde können dadurch eine lebensgefährliche Leberverfettung bekommen. Außerdem wird der Hund es nicht verstehen und äußerst genervt reagieren. Bei bestimmten Verdauungsschwierigkeiten kann es manchmal (nach Absprache mit dem Tierarzt) helfen, wenn der Hund einen Tag lang nur Wasser bekommt. Je eine Prise Salz und Traubenzucker versorgen den Hund mit Mineralien, geben Energie und können appetitanregend wirken. Man kann ein wenig in das Trinkwasser des Hundes geben. Um eine Überversorgung mit Fleisch auszuschließen, kann man ein- bis zweimal wöchentlich einen fleischfreien Tag einlegen. Unausgewogene Mahlzeiten oder unverträgliche Inhaltsstoffe im Futter können sich verschieden äußern: Durchfall, Verstopfung, stumpfes Fell, Hautprobleme, Haarausfall, Augenprobleme, Gelenkserkrankungen usw. Eine Überversorgung mit Vitamin A kann sich ebenso wie eine Unterversorgung in Augen- oder Skelettproblemen äußern, ein Vitamin-B-Mangel kann Nervenprobleme zur Folge haben. Ich empfehle unbedingt weiterführende Literatur, wenn man seinen Hund auf diese tolle Art ernähren möchte. Später gebe ich noch Hinweise zu geeigneten, ungeeigneten und giftigen Lebensmitteln (ohne Anspruch auf Vollständigkeit) sowie einige Hinweise, wie man die Mahlzeiten zusammen stellen kann. Übrigens macht Fett im Gegensatz zu Getreide nicht fett! Auch Fleisch macht nicht fett! Fett muss immer im Futter enthalten sein, z.B. sind manche Vitamine fettlöslich. Dennoch kann zuviel Fett bei manchen Hunden zu Problemen führen (z.B. zu Verdauungsbeschwerden). Dann die Fettmenge ein wenig reduzieren. Fett sollte auch nicht ranzig oder anderweitig verdorben sein. Die folgenden Rezepte sind nur Bespiele. Man sollte niemals rohes Schweinefleisch füttern, da dieses das für Hunde und Katzen grundsätzlich tödliche Juckseuchevirus enthalten kann, das für Menschen ungefährlich ist. Eventuelle Erreger, die bei Menschen zu Erkrankungen führen können, wie z.B. Salmonellen, werden zum einen durch die Verdauungssäfte des Hundes zum überwiegenden Teil abgetötet. Zum anderen sollte das Fleisch vor dem Verfüttern einmal eingefroren werden. Da überlebt kein Wurm. Vorsicht kann jedoch bei geschwächten Tieren angebracht sein, die manchmal tatsächlich anfälliger sind. Schwangere Frauen sollten sich vor und nach Zubereitung des Hundefutters die Hände heiß und gründlich mit Seife waschen. Wer ganz unsicher ist, kann Einmalhandschuhe anziehen. Ansonsten reichen normale Hygieneregeln aus, die im Haushalt sowieso gelten würden. Es reicht ebenfalls, die Hundenäpfe, Messer, mit denen das Futter geschnitten wird und die Küchenbretter, die dazu benutzt werden, entweder in der Spülmaschine zu reinigen oder normal mit heißem Wasser und Spülmittel zu spülen. Schließlich verwenden wir doch Fleisch, das für den menschlichen Verzehr zugelassen ist, oder? Natürlich abgesehen von dem einen oder anderen Futterbestandteil wie z.B. grünem Pansen, Blut (wobei Blut auch teilweise für menschliche Nahrung verwertet werden kann) o.ä. Für solche Komponenten kann man natürlich ein eigenes Messer und ein eigenes Schneidebrett verwenden, falls man unsicher ist oder es zu „unappetitlich" erscheint. Bei den meisten Futterkomponenten ist das aber nicht unbedingt notwendig. Wenn es praktikabler ist, kann man das Hundefutter natürlich in eigenen Kühl- und Gefrierschränken (bzw -truhen) unterbringen. Unbedingt erforderlich ist das aber nicht. Und es ist kein Weltuntergang, wenn aus Platzgründen o.ä. mal die sauber abgepackten Futterportionen für den Schäferhund im selben Fach wie die (ebenfalls sauber abgepackten) Fischstäbchen oder Erbsen für den Menschen landen. Schließlich füttern wir unseren Hund doch mit Nahrung in Lebensmittelqualität, oder? Was man natürlich von einem Durchschnittsfertigfutter nicht unbedingt behaupten kann.

Kokosöl und -flocken im Futter schützen bis zu einem gewissen Grad vor Würmern (und anderen Parasiten) und können diese auch austreiben. Bei einem starken Wurmbefall, den sich der Hund z.B. zuziehen kann, wenn er draußen ein ganzes Wildtier (wie z.B. eine Maus, ein Kaninchen) frisst oder wenn ein ursprünglich geringerer Wurmbefall nicht behandelt wird, sollte man auf ein Mittel vom Tierarzt zurückgreifen. Da fragt man sich doch aber, wie die ganzen Wildtiere mit Würmern zurecht kommen…. Was natürlich nicht bedeutet, dass man leichtfertig mit solchen Parasiten umgehen sollte. Ein starker Wurmbefall kann arge Probleme bei Mensch und Tier hervorrufen. Würmer befinden sich meistens im Magen-Darm-Trakt der Beutetiere. Da der Darm meist nicht zu dem gehört, was man seinem Hund füttert, ist die Gefahr relativ gering, dass der Hund sich durch rohes Fleisch durch Würmer infiziert (Ausnahme bildet natürlich Pansen ect). Außerdem sollte man nur Fleisch verfüttern, das von für den menschlichen Verzehr zugelassenen Schlachttieren stammt. Dieses wird vor dem Verkauf einer Fleischbeschau durch Tierärzte unterzogen. Zumal kein Wurm das Einfrieren heil übersteht… Es gibt Teile vom Schlachttier, die von für Menschen zugelassenen Schlachttierkörpern stammen, die man als Mensch nicht unbedingt essen möchte, die für Menschen auch nicht unbedingt freigegeben werden, aber für viele Hunde (in Maßen) wertvoll sind. Dazu zählen z.B. Pansen, Rinderohren, Lammohren, Hühnerfüßchen, Knochen, Blut, Kaninchenköpfe…

Beim Thema **Knochen** ist noch zu beachten, dass der Hund langsam daran gewöhnt werden sollte, sofern er es nicht schon beim Züchter von klein auf kennen gelernt hat. Eine Riesenmenge Knochen von heute auf morgen zu füttern, ist nicht sinnvoll. Die meisten Hunde reagieren hierauf mit hartnäckiger Verstopfung, manche auch mit Durchfall oder Erbrechen. Zu harte Knochen können zudem zu Zahnschäden führen, etwa zu Zahnschmelzveränderungen oder Zahnabbrüchen. Man sollte lieber hin und wieder einen kleinen, weichen, rohen

Knochen wie einen Hühnerhals oder eine Kaninchenkeule geben, der möglichst viel Fleisch enthält. Das ist für den Hund bekömmlicher. Mit der Zeit kann man auch mehr und härtere Knochen geben, sofern der Hund dies verträgt und annimmt. Auch Rinder- und Kalbsschwänze sind sehr beliebt. Man muss sie nicht im Ganzen füttern, sondern kann sie auch in Stücke teilen (eventuell erledigt das auch der Metzger). Mehr als 10 % der Futtermenge sollten Knochen nicht ausmachen. Ein Hund, der Knochen nicht (mehr) verträgt, sollte einen Ersatz wie Knochenmehl, Calciumcitrat, zerstoßene Eierschalen u.a. bekommen. Oder man wolft einen kleinen, fleischigen Knochen. Zu wenig Calcium kann aber auch zu Problemen führen, etwa zu Gelenks- oder Knochenerkrankungen. Knochen müssen unbedingt vollständig roh verfüttert werden. Durch Erhitzen entmineralisieren sie, werden hart und spröde, können splittern und zu bösen Verletzungen in Maul, Kehle und Magen-Darm-Trakt führen. Diese Gefahr besteht bei vollständig rohen Knochen in der Regel nicht. Dennoch muss man bei der Knochenfütterung Sorgfalt walten lassen und sollte eher Knochen von jüngeren Schlachttieren wählen. **Zahnstein** sieht nicht nur unschön aus. Er kann zu Zahnschäden, Zahnausfall und Zahnschmerzen führen. Außerdem bilden sich Bakterien, die sich über die Blutbahn im ganzen Körper ausbreiten können. Zahnstein kann somit indirekt an Nieren-, Herz- und anderen Erkrankungen mitbeteiligt sein können. Zahnbelag (gelbliche, leichte Ablagerungen an den Zähnen) ist die Vorstufe von Zahnstein. Beim Zahnstein handelt es sich um leichte bis starke, „steinähnliche", gelbliche, gräuliche oder bräunliche Ablagerungen an den Zähnen. Eventuell riecht der Hund unangenehm aus dem Fang. Leichtere oder stärkere Blutungen in der Maulhöhle sind möglich. Einen leichten Zahnstein kann man mit Kauknochen, rohen Knochen, Zähneputzen u.ä. in den Griff bekommen. Stärkerer Zahnstein muss unter Narkose vom Tierarzt entfernt werden. Dieser kann auch kranke Zähne sanieren oder ziehen. Zum Zähneputzen gibt es verschiedene Möglichkeiten. Man kann die Zähne mit Wasserstoffperoxyd (3%ige Lösung) und einer speziellen Hundezahnbürste, die man über den Finger stülpen kann, putzen. Anschließend kann man Dentisept™ oder eine ähnliche Substanz auftragen. Hierbei handelt es sich um eine klebrige, offensichtlich unangenehm schmeckende Zahncreme, die an den Zähnen und dem Zahnfleisch haftet. Die Wirkstoffe werden nach und nach an die Zähne und ins Blut abgegeben. Sie wirken entzündungshemmend und desinfizierend. Manchmal verfärben sich die Zähne etwas bräunlich nach dem Gebrauch. Das ist unbedenklich und kann durch Putzen mit Wasserstoffperoxyd eingedämmt werden. Regelmäßig angewandt, sollte diese Zahnpflege Zahnstein verhindern bzw. gering halten. Die Zähne müssen nicht täglich geputzt werden, falls das Problem eher klein ist. Ein- bis zweimal wöchentlich wäre aber angebracht, falls der Hund zu Zahnsteinbildung neigt. Reicht das alles nicht aus, kann nur noch der Tierarzt den Zahnstein (regelmäßig oder nur hin und wieder) unter Narkose mittels Ultraschall entfernen. Eine gesunde Ernährung (mit ausreichend geeigneten Kauprodukten, viel frischem Rohfleisch in größeren Stücken und weichen, rohen Knochen) sollte den Zahnstein verhindern oder gering halten. Dennoch bekommen auch gut ernährte Hunde manchmal Zahnstein. Diesem gilt es entgegen zu wirken. Man vermutet bei einigen Hunden eine genetische Veranlagung für Zahnstein. Futter, das nicht ausreichend gekaut wird oder weich ist (z.B. Dosenfutter, gewolftes Fleisch) sorgt natürlich nicht für eine ausreichende „Abnutzung" der Zähne. Vielleicht kann man mit Kauartikeln entgegen wirken. Trockenfutter ist meistens sehr schlecht zusammengesetzt und führt durch die enthaltene Stärke zu vermehrtem Zahnstein. Es weicht durch den Speichel des Hundes auf und pappt an den Zähnen fest. So entsteht schneller Zahnstein. Trockenfutter reinigt keine Zähne, auch wenn das mancher Hundehalter meint. Zudem ist es wie gesagt – wie eine große Anzahl Nassfutter auch – meistens aus äußerst minderwertigen Zutaten hergestellt.

Man sollte beim BARFen versuchen, hochwertige Futterkomponenten zu wählen. Am besten sind Fleisch, Knochen, Innereien, Obst, Gemüse, Fette usw in Öko- oder Bioqualität geeignet. Wenn man keine Öko- oder Bioprodukte füttern kann oder möchte, beispielsweise weil diese zu teuer sind, man Probleme hat, entsprechende Produkte zu bekommen oder man aus anderen Gründen solche Produkte nicht füttern möchte, muss es herkömmliches Fleisch, Gemüse ect tun, doch sollte man echte Billigprodukte unbedingt vermeiden. Diese sind IMMER minderwertig. Andererseits ist bei vermeintlich hochwertigen Produkten auch mitunter Vorsicht geboten...

Für Nasenarbeit, zur Belohnung beim Training oder nach dem Ohrensaubermachen, Medikamenteneingabe ect eignen sich je nach Verträglichkeit und Vorliebe des Hundes bestimmter Käse in Würfelchen geschnitten, Trockenfleisch, Trockenfisch, gekochte oder rohe Fleischstückchen, Leber usw. Am praktischsten ist natürlich Trockenfleisch. Es riecht angenehm, ist gut zu handhaben und kann in die Hosentasche gesteckt werden. Es gibt auch getrocknete Innereien (Pansen, Leber, Lunge) usw zu kaufen. Medikamente kann man – wenn der Hund dies nicht durchschaut – auch in Leckerbissen wie Frischkäse, gewolftem Fleisch, Leberwurst o.ä. verstecken. Wer mag, kann hin und wieder **gewolftes Fleisch in einen Kong** (erhältlich im Zoofachgeschäft) **füllen und einfrieren**. Dies eignet sich zur Beschäftigung, da der Hund eine Weile damit beschäftigt ist, das Fleisch heraus zu lecken. Allerdings eignet sich diese Fütterungsform NUR für heiße Tage, und sie sollte auch nicht zu häufig erfolgen, da hier nur gewolftes Fleisch ohne Zusätze gefüttert wird. Und sie eignet sich NICHT für magensensible Hunde. Diese sollten ihr Futter weiterhin wie gewohnt in Zimmertemperatur bekommen.

Ich wollte mit diesem Kapitel nur ein Grundprinzip aufzeichnen. Später gebe noch einen Ernährungsplan für den erwachsenen Hund als Einstiegshilfe vor, der im Einzelfall natürlich variiert werden kann. Der Wochenplan ist auf den gesunden, ausgewachsenen und durchschnittlich bewegten Schäferhund von ca. 25 kg Gewicht ausgerichtet. Je nach den Umständen kann die benötigte Nährstoff- und Futtermenge ect variieren. Obst und Gemüse sollte geraspelt oder püriert werden, da Hunde die Inhaltsstoffe sonst nicht aufspalten können. Kleine

Mengen Kartoffeln und Nudeln sind hin und wieder gestattet, sollten aber nur gekocht gegeben werden. Kerne und Steine sollten möglichst aus Obst entfernt werden, da sie einerseits giftige Stoffe (z.B. Blausäure) enthalten können, andererseits können Kerne zu Darmverschlüssen o.ä. führen. Es sollten auch nur weiche, rohe Knochen von jüngeren Schlachttieren gefüttert werden – bis zu 10 % der Gesamtfuttermenge. Fisch muss nicht gefüttert werden, sollte aber wenn man ihn füttert nicht öfter als einmal wöchentlich auf dem Speiseplan des Hundes stehen. So enthalten Fische häufig Enzyme, die die Vitamin-B-Aufnahme hemmen können bzw B-Vitamine zerstören. Rohe Fische können im Ganzen gefüttert werden. Im Winter kann man etwas mehr und gehaltvoller füttern (z.B. etwas mehr Fett) als im Sommer, da der Energieverbrauch u.a. auch mit der Jahreszeit schwankt. Fett ist als Energiespender besser geeignet als Getreide. Gute Fette sind zudem auch wesentlich gesünder und machen im Gegensatz zu Getreide auch nicht fett.

Umstellung: Viele Hunde haben keinerlei Probleme, von heute auf morgen von ungesundem Fertigfutter auf Rohfütterung umgestellt zu werden. Meistens klappt es problemlos. Allerdings gibt es auch Kandidaten, die mit dem neuen Futter erstmal nicht viel anfangen können oder eine Umstellung nicht so einfach vertragen. Man kann versuchen, das neue Futter in ganz kleinen Etappen unter das alte zu mischen. Mit der Zeit wird das neue Futter in immer größeren Mengen untergemischt, der Anteil des alten Futters entsprechend verringert. Man kann auch kleine Mengen besonders geliebten Futters (bestimmte Dosenfutter, Käse, Bockwurstwasser, Brühe von ausgekochten Markknochen o.ä.) untermischen um die Akzeptanz zu erhöhen. Die meisten Hunde lieben ihre BARF-Mahlzeiten und vertragen sie auch sehr gut. Aber manchmal gibt es auch Probleme. Das liegt auch an den Lockstoffen, die gerade Anbieter von minderwertigen Futtern einsetzen, damit der Mist auch gefressen wird. Man kann auch halb und halb mit einem guten Dosenfutter (z.B. Rinti™) füttern. Es kann sein, dass der Hund während der Umstellungsphase kurzfristig ein wenig Verdauungsprobleme bekommt, weil sein Organismus sich erst noch auf die Rohfütterung einstellen muss. Normalerweise gibt sich das schnell. Es gibt Hunde, die eine Hauruck-Futterumstellung von heute auf morgen prima vertragen. Andere dagegen mäkeln am Futter herum, bekommen Verdauungsprobleme, Haarausfall oder sonstiges. Ist das der Fall, muss man das Futter ganz langsam umstellen. Heute werden ein paar Gramm Fertigfutter weggelassen und dafür ein paar Bröckchen gewolftes Rohfleisch untergemischt. Man tauscht täglich immer mehr Fertigfutter gegen Rohfleisch aus. Bei der Umstellung von Trockenfutter kann man auch erst auf Dosenfutter und von diesem auf Frischfleisch umstellen. Oder wenn es der Hund besser verträgt, von Dosenfutter auf gekochtes Fleisch und von diesem langsam auf rohes (das Futter wird täglich immer weniger gekocht und schließlich ganz roh gefüttert). Bei mäkeligen Fressern kann man in kleinen Mengen beliebte Leckerli untermischen, wie z.B. Käse, Bockwurstwasser, bestimmte Dosenfutter, Eier usw. Die Zeit, die ein Hund zum Umstellen des Futters benötigt, kann sehr unterschiedlich sein. Manche Hunde kommen von einem Tag auf den anderen gut mit dem neuen Futter zurecht. Andere brauchen mehrere Wochen. Im Extremfall kann es sogar mehrere Monate dauern. Es kann sein, die Häufchen des Schäferhundes anfangs etwas seltsam aussehen oder mit schleimigen oder hautähnlichen Fetzen überzogen sind. Das hängt damit zusammen, dass sich der Verdauungstrakt des Hundes auf die neue Fütterungsform einstellt und regeneriert und ist nichts Schlimmes. Weiße, harte Häufchen entstehen meist, wenn

zu viele Knochen im Futter sind. Schwarze, sehr kleine Häufchen deuten darauf hin, dass man mehr Gemüse/ Obst und etwas weniger Blut/ Fleisch/ Innereien füttern sollte. Auf Getreide kann man in der Hundefütterung gut verzichten. Wer dennoch Getreide füttern möchte, sollte das nur beim gesunden Hund tun und nur in kleinen Mengen (bis 1/8 der Gesamtfuttermenge). Außerdem sollte man nur hochwertiges Getreide geben, z.B. Dinkel- oder Haferflocken. Übermäßige Getreidegaben sind z.T. an Krebs-, Nieren- und anderen Leiden mit beteiligt. In kleinsten Mengen schadet Getreide bei gesunden Hunden aber nicht. Getreide muss aufbereitet sein. Man kann z.B. Hafer- und Dinkelflocken untermischen. Diese sollten vor dem Verfüttern eingeweicht werden, z.B. in Knochenbrühe. Ab und zu ein paar Löffel gekochten Reis unterzumischen, ist ebenfalls in Ordnung. Haferflocken enthalten z.B. Eisen und gesunde B-Vitamine. Auch Blut (oder alternativ Blutmehlpulver, z.B. Fortan™) sollte man hin und wieder oder regelmäßig untermischen, für den Schäferhund 2-4 Esslöffel. Blut und Blutmehlpulver kann man in verschiedenen Webshops kaufen. Eventuell kann man es auch in einer Metzgerei bestellen (kein Schweineblut). Webshops bieten Rinder-, Kaninchen- und Hirschblut an. Blut ist reich an Eisen, Salzen und Mineralien. Frisches Blut kann man auch in Eiswürfelbehältern einfrieren und portionsweise untermischen. Wer nicht mit frischem Blut hantieren möchte oder Probleme hat, welches zu bekommen, kann auch Blutmehlpulver untermischen. Das ist meistens getrocknetes Rinderblut. Ebenfalls empfehlenswert ist Seealgenmehl. Es enthält Mineralien, Salz und bewährt sich häufig bei Hauptproblemen. Man kann es in kleinen Mengen (löffelweise) untermischen. Es gibt viele Hunde, die rohes Fleisch von Anfang an lieben und gegartes links liegen lassen. Andere müssen langsam vom gekochten Fleisch auf das rohe umgestellt werden, indem man das Fleisch immer weniger gart und irgendwann nur noch mit kochendem Wasser überbrüht, bis auch das nicht mehr notwendig ist und der Hund völlig rohes Fleisch frisst. Innereien sollten nur in kleinen Mengen zugefüttert werden.

Leber ist z.B. reich an Vitamin A, das in hohen Dosen Knochen- und Augener-krankungen u.a. Krankheiten begünstigen kann. Außerdem ist sie ein Filter- bzw Entgiftungsorgan und reichert viele Gifte an. Wenn ein Hund (bestimmte) Inne-reien nicht mag, muss man die Inhaltstoffe durch andere Supplemente ersetzen, z.B. durch verschiedene Öle, Lebertran usw. Ein Hund, der nicht von heute auf morgen eine Knochenfütterung verträgt (und das ist oft so, besonders wenn der Hund vorher mit einem minderwertigen Fertigfutter gefüttert wurde), muss er ganz langsam mit dem Knochenfüttern vertraut gemacht werden. Anfangs kann man zerstoßene Eierschale oder Knochenmehl in kleinen Mengen untermi-schen. Mit der Zeit wird die Menge gesteigert. Dann gibt man anfangs nur wenig und kleine rohe Knochen mit viel Fleisch, z.B. Hühnchenhälse oder Kaninchen-keulen. Außerdem sollte das Futter einen relativ hohen Fett- und Rohfasergehalt (z.B. geraspelte Karotten) aufweisen. Beides hilft, den Stuhl weicher zu halten. Der Hund sollte ausreichend trinken. BARF-Mahlzeiten enthalten viel Flüssigkeit. Dem Hund muss trotzdem immer frisches Wasser zur Verfügung stehen. Etwas Käse kann ebenfalls helfen, genauso wie etwas Kuhmilch, sollte der Hund durch die Knochenfütterung zu Verstopfungen neigen (manche Hunde bekommen durch Knochen aber auch Durchfall oder sie führen zu Erbrechen). Man sollte aber nicht so viel Milch o.ä. füttern, dass der Hund davon Durchfall bekommt. Manchmal reicht es, den Knochenanteil etwas zu senken. Gutes Fett ist gesund. Auch hohe Fettgaben machen einen Hund nicht fett! Im Gegensatz zu Kohlen-hydraten (Zucker, Getreide usw). Dennoch sollte das Futter einen gewissen Koh-lenhydratanteil aufweisen (z.B. geraspeltes Gemüse, kleine (!) Mengen guten Getreides wie Hafer- oder Dinkelflocken). Trotzdem vertragen manche Hunde zuviel Fett nicht so gut. Obwohl sie davon nicht dick werden, können sie mit Ver-dauungsbeschwerden u.a. reagieren. Wenn man den Eindruck hat, dass der Hund hohe Fettgaben nicht gut verträgt, darf man nicht das Fett in der Ration weglassen! Aber man sollte den Gehalt eventuell ein wenig reduzieren oder aus-probieren, ob der Hund vielleicht andere Fette besser verträgt. Zuviel Fett führt eventuell zu Durchfall, Erbrechen und soll in manchen Fällen wohl auch an Bau-speicheldrüsenproblemen u.a. beteiligt sein.

Nicht fressen darf der Hund u.a. rohes Schweinefleisch, Weintrauben, Rosinen, gegarte bzw erhitzte Knochen. Zu viele Zwiebeln und Knoblauch (in winzigen Mengen ungefährlich, zuviel davon führt zu Blutarmut und Zerstörung der roten Blutkörperchen). Schokolade/ Kakao darf nicht gefüttert werden. Kakao enthält den Stoff Theobromin, der bei Hunden zu Vergiftungserscheinungen führen kann. Eine Milchschokoladenmenge von 280 g, also keine drei Tafeln, kann ei-nen 5 kg schweren Hund umbringen! Je mehr Kakao eine Schokolade enthält, also je dunkler sie ist, umso giftiger ist sie. Eine Zartbitterschokolade ist also giftiger als weiße, aber natürlich dürfen Hunde auch weiße Schokolade oder Milchscho-kolade nicht fressen! Auch kein kleines Stückchen! Wer seinem Hund dennoch Schokolade gibt, ist in meinen Augen ein Tierquäler! Es gibt genügend Möglich-keiten, den Hund mit gesunden Leckerchen zu belohnen bzw zu füttern – milder

Käse, Trockenfleisch, Trockenfisch... Niemand muss seinen Hund qualvoll vergiften, weil er ihn mit Schokolade vollstopft! Sollte der Hund dennoch unbeabsichtigterweise Schokolade gefressen haben, sollte man sofort den Tierarzt bzw den Tierärztlichen Notdienst anrufen und nachfragen, ob man schon selbst etwas tun kann und sich natürlich auf schnellstem Wege mit dem Hund dorthin begeben! Ein Tierarzt wird die weitere Behandlung einleiten. Nicht geeignet sind weiterhin Avocado, rohe Kartoffeln, eine Vielzahl Fertigfutter, zuckerhaltige Lebensmittel, Soja, Obstkerne (können zu Verstopfung, Darmverschluss und z.T. auch zu Vergiftungen führen), scharfe Gewürze. Rohe Kartoffeln und grüne Paprika (also unreif) sind giftig für den Hund, gekochte Kartoffeln kann man hin und wieder in kleinen Mengen geben. Auberginen und alle Kohlsorten sollte man ebenfalls nicht füttern. Holunderbeeren und Avocado sind nicht geeignet. Nüsse dürfen nur ganz frisch und reif und nur in kleinsten Mengen (ohne Schimmelbildung) gefüttert werden. Zwiebeln und Knoblauch machen in winzigsten Mengen nichts aus, können aber in größeren Mengen gefüttert zu Blutarmut und Zerstörung der roten Blutkörperchen führen. Hülsenfrüchte sind ebenfalls nicht geeignet (Bohnen, Erbsen, Soja, Linsen), da sie blähen und teilweise die Eiweißverdauung behindern. Menschliche Speisereste sind meistens auch nicht geeignet. Zwar ist Salz in kleinen Mengen auch für den Hund wichtig und gesund, aber zuviel davon kann zu Bluthochdruck, Blasensteinen und Nierenproblemen führen. Die meisten Gewürze sind ungesund für Hunde. Und auch so enthält menschliches Essen oft für den Hund unverträgliche oder ungesunde Bestandteile. Schweinefleisch darf nur völlig durchgegart verfüttert werden, da es ein für Menschen ungefährliches Virus (Juckseuche, Pseudorabies oder Aujeszky-Krankheit genannt) enthalten kann, das Hunde und Katzen tötet. Allerdings soll das Virus auch schon in gekochtem Schweinefleisch nachgewiesen worden sein. Nüsse sollten immer nur frisch und in kleinsten Mengen gefüttert werden, da sie Schimmelpilze beherbergen können. Walnüsse sind giftig. Viele Nussarten führen vermehrt zu Blasensteinen oder Störungen des Knochenstoffwechsels. Ob man Milchprodukte füttert, hängt von den Vorlieben und Verträglichkeiten des Hundes ab.

Obst und Gemüse sollte gekocht, roh gerieben oder geraspelt unter das Futter gemischt werden, damit der Hund die Inhaltsstoffe aufspalten kann. In der Natur frisst der Wolf oder Wildhund fast alles vom Beutetier: Knochen, Blut, Fleisch, Haare, Federn, Darminhalt mit vorverdautem Grünfutter usw, nur keinen Mageninhalt, oder Knochen, die so hart sind, dass der Wolf sie nicht zerbeißen kann. Wölfe fressen aber auch Beeren, Kürbisse, Aas usw. Beim Barfen soll das Beutetier (so gut es geht) nachgeahmt werden. Es gibt auch Hundehalter, die ganze Beutetiere füttern, wie (tote!) Kaninchen oder Hühner. Da einige Vitamine fettlöslich sind (und auch aus anderen Gründen), sollte das Futter immer einen gewissen Anteil Fett beinhalten. Blut oder Blutmehlpulver (2-4 Esslöffel) kann man täglich oder mehrmals wöchentlich ins Futter geben. Kokosöl und Kokosflocken helfen vorbeugend und austreibend gegen äußere Parasiten wie z.B. Zecken (Kokosöl kann man auch ins Fell reiben), aber auch gegen Würmer. Bei einem stärkeren

Befall wird man jedoch auf ein Mittel vom Tierarzt ausweichen müssen. Hin und wieder ein Löffel Seealgenmehl ins Futter gegeben, ist gut für Haut und Fell des Weißen Schweizer Schäferhundes. Manche Weiße reagieren darauf mit stärkerer Wildfärbung, aber die Gesundheit sollte Vorrang vor der Fellfarbe haben.

Es gibt übrigens Hundehalter, die für ihre Hunde hin und wieder Fleisch vergraben und dieses nach einigen Tagen oder Wochen, wenn es etwas „angegangen" ist, wieder ausgraben und an die Hunde verfüttern. Solange der Hund gesund ist und dies frisst und verträgt, ist das hin und wieder okay (man muss solches Fleisch aber nicht füttern). Wilde Caniden fressen auch hin und wieder Beuteteile, die nicht mehr „taufrisch" sind. Man sollte jedoch niemals angegangenes Fleisch füttern, das gekocht oder anderweitig gegart wurde. Dieses ist tatsächlich schädlich für den Hund!. Über einen gewissen Zeitraum sollte die Ernährung des Hundes ausgewogen sein. Welpen bzw wachsende Hunde, tragende und säugende Hündinnen sowie kranke Hunde sollten täglich ausgewogene Mahlzeiten erhalten. Bei einem gesunden, ausgewachsenen Hund ist es aber in der Regel nicht schlimm, wenn zwischendurch (z.B. im Urlaub) einmal die eine oder andere Mahlzeit nicht ganz perfekt zusammen gesetzt ist. Man sollte aber darauf achten, dass der Hund wenigstens im Alltag auf die gesamte Wochenration bezogen alle wichtigen Nährstoffe erhält. Zudem dürfte es auch nicht so einfach sein, eine Mahlzeit zusammenzustellen, die wirklich ALLE Inhaltsstoffe im richtigen Verhältnis aufweist, die der Hund braucht. Das ist wie gesagt auch nicht nötig. Wichtig ist, dass der Hund über die Woche hinweg alle Nährstoffe im richtigen Verhältnis bekommt, die er braucht. Wer Fertigfutter und Rohfleisch mischen möchte, muss auch hier einiges beachten. Fertigfutter sollte aus mindestens 70 % Fleisch bestehen, wenn man es zusammen mit Rohfleisch füttert. Eine 60- oder bis 90%ige Getreidepampe, wie sie die meisten Fertigfutter darstellen, mit Rohfleisch gemischt, kann zu argen Verdauungsproblemen führen. Wenn ein Hund Rohfleisch mit einem Nassfutter gemischt bekommt, das aus mindestens 70 % Fleisch besteht, wird das oft gut gefressen und vertragen. Allerdings bekommt das nicht jedem Hund. Man sollte dann versuchen, das Nassfutter nach und nach „auszuschleichen". Auch Getreideflocken im Rohfleisch vertragen manche Hunde nicht. Man sollte die Getreideflocken dann kochen. Wird auch das nicht vertragen, sollte man Getreideflocken nur noch eingeweicht oder gekocht in einer vegetarischen Mahlzeit anbieten. Es besteht desweiteren kein Muss, Getreide zu füttern. Auf dem natürlichen Speiseplan des Wolfs und des Hundes nimmt es wenn überhaupt nur einen winzigen Raum im Darminhalt der Beutetiere ein. Wenn ein Hund gesund ist und Getreideflocken verträgt, kann er sie also hin und wieder bekommen. Andernfalls kann man gut auf Getreide in der Hundefütterung verzichten.

Barfen im Urlaub: einige Menschen haben Sorge, dass sie ihren Hund im Urlaub nicht barfen können. Das ist aber oftmals kein Problem. Man kann fertige Barf-Portionen in Gefrierbeuteln in einer Kühlbox mitnehmen. Normalerweise wird sich im Urlaubsdomizil (zumindest in einer Ferienwohnung) ein Kühlschrank befinden, wenn man Glück hat mit kleinem Gefrierfach. Vielleicht kann man das Fleisch auch täglich frisch irgendwo einkaufen und einige Haferflocken oder Gemüse-flocken sowie etwas Öl zugeben. Es ist kein Weltuntergang, wenn der Hund die wenigen Urlaubswochen im Jahr nur Fleisch mit etwas Öl und ein paar geraspel-ten Karotten oder Haferflocken bekommt. Zur Not kann man ein gutes Fertigfut-ter oder auch Vollfleischdosen (z.B. von Rinti™) mitnehmen und ein paar Hafer-flocken o.ä. untermischen. Auf keinen Fall sollte man aber ein durchschnittliches Fertigfutter, das nur aus Getreide- und Schlachtabfällen besteht, geben. Das ganze Jahr über bemühen wir uns, unseren Hund artgerecht und gesund zu er-nähren. Dann können wir im Urlaub kein 08/15-Futter geben, weil das einfacher ist! Sollte also „echtes" Barfen im Urlaub zu umständlich oder nicht möglich sein, bekommt der Hund entweder Fleisch mit Gemüse-/ Getreideflocken und Öl, oder eine gute Vollfleischdose mit Gemüse-/ Getreideflocken und Öl bzw ein gutes Fertigfutter. Ein erwachsener, gesunder Hund wird das ganz gut verkraften (man sollte dann aber vorher schon hin und wieder einmal ausprobieren, ob der Hund das „Ausweichfutter" annimmt und verträgt). Ein kranker oder wachsen-der Hund sollte jedoch weiterhin ausgewogen gefüttert werden. Auch wenn das im Urlaub recht umständlich erscheint. Man sollte dann vor Reiseantritt nachfra-gen, ob im Ferienheim ein funktionsfähiger Kühlschrank mit Gefrierfach vorhan-den ist. Ist dies der Fall, nimmt man am besten für die Urlaubszeit fertig portio-nierte BARF-Mahlzeiten in der richtigen Zusammensetzung mit. In einer gut iso-lierten Kühltasche ist das kein Problem. Im Urlaubsdomizil sollten die Portionen sofort in das Gefrierfach gepackt werden. Man kann solche Portionen platzspa-rend in Gefrierbeuteln verpacken. Die Portionen werden dann normal im Kühl-schrank wie zuhause einzeln aufgetaut. Man sollte auf keinen Fall für den Urlaub auf ein Trockenfutter umsteigen, wie das häufig empfohlen wird. Wer so etwas empfiehlt, hat sich noch nicht ausreichend mit dem Thema Hundeernährung auseinander gesetzt. Aber wie gesagt, in den wenigen Urlaubswochen im Jahr wird der gesunde Hund „BARF Light" schon einmal vertragen. Bei einem kranken Hund oder einem mit Unverträglichkeiten oder aber bei einem wachsenden Hund wird man die „Mehrarbeit" jedoch in Kauf nehmen müssen.

Man rechnet im Schnitt 2-3 % des Körpergewichts des Hundes als Futtermenge. Diese Menge kann natürlich variieren. Im Sommer fressen Hunde oft weniger als im Winter, ein wachsender Welpe hat einen anderen Bedarf als eine Zuchthün-din oder ein sportlich sehr aktiver Hund, während ein alter oder kranker Hund auch oft weniger Energie verbraucht. Wenn man den Eindruck hat, dass der Hund zu wenig oder zu viel Futter bekommt, kann man die Menge entsprechend anpassen. Wer bei der Zusammenstellung des Futters unsicher ist, kann auch ei-nen Tierheilpraktiker oder Tierarzt um Rat bitten. Allerdings kennen sich Tierärzte leider nicht grundsätzlich mit der Tierfütterung aus, was wiederum verständlich ist, denn Tierärzte behandeln nicht nur Hunde und Katzen, sondern auch Rinder, Wellensittiche, Pferde, Schweine, Kaninchen, Schildkröten, Schlangen, Fische.... Wie sollen sie da den Überblick behalten? Auch Humanmediziner kennen sich normalerweise (wenn sie nicht auf Diätik spezialisiert sind) nicht mit allen erdenklichen Kostformen aus, und darüber wundert sich kein Mensch, während man aber häufig glaubt, der Tierarzt müsse über die Tierfütterung perfekt Bescheid wissen… Spezialdiäten, die häufig von Tierärzten angeboten werden, sind meistens ungeeignet. In der Regel fehlen wichtige Bestandteile, wie z.B. tierisches Eiweiß. Bestes Beispiel sind klassische Nierendiäten. Meistens hat das fleischarme Billigfutter (es gibt aber auch sehr viele teure schlechte Fertigfutter) die Nieren des Hundes krank gemacht, obwohl es auch andere Ursachen geben kann. Und dann wird meistens ein Nierendiätfutter empfohlen, das noch weniger tierisches Eiweiß als die 4 % des schlechten Fertigfutters enthält, dafür aber einen Haufen Getreide, obwohl erwiesenermaßen eine Fütterung mit frischem, rohem Geflügel- oder Kaninchenfleisch mit wenig oder keinen Knochen sowie wenig bis keinen Innereien und dafür einem hohen Anteil an Lachsöl (Omega-3-Fettsäuren im Lachsöl wirken entzündungshemmend) und etwas Gemüse sowie Milchprodukten und Fisch die geschädigten Nieren entlasten würde. Aber nein, wir geben lieber Getreideabfall, der die Hundenieren noch mehr zerstört… Wer dennoch mit einem Spezialfutter, etwa einer Nierendiät, liebäugelt, sollte sich wie beim „normalen" Fertigfutter genau die Inhaltsstoffe ansehen. Der Fleischgehalt sollte auch bei Nierenfuttern nicht unter 70 % liegen, das Futter sollte KEIN Getreide enthalten, möglichst keine Knochen bzw Knochenmehl. Als pflanzliche Quelle ist kein Getreide zu wählen, sondern etwas verträgliches Gemüse (z.B. Möhren). Außerdem sollte das Futter Lachsöl enthalten. Dieses wirkt u.a. entzündungshemmend. Nierenkranke Hunde sollten möglichst auch keine oder nur wenig Innereien fressen. Als Fleischquelle ist meistens Kaninchen, Huhn und Pute recht verträglich. Wenn der Hund es mag und verträgt, kann auch Fisch gefüttert werden. Selbstverständlich sollte auch hier die Rohfütterung bevorzugt werden, sofern der Hund dies annimmt und auch gut verträgt. Reduktion von hochwertigem tierischem Eiweiß schont desweiteren keine Hunde- oder Katzennieren, sondern macht sie krank und zerstört sie nach und nach. Minderwertiges Eiweiß ist z.B. in Getreideabfällen (Spelzen usw) oder Tierischen Nebenprodukten (Schlachtbfällen) wie Krallen, Hufen, Haaren, Schuppen, Federn, Schnäbeln usw enthalten, wie wir sie in durchschnittlichen Fertigfuttern finden. Auch Hunde mit anderen Krankheiten müssen eventuell speziell gefüttert werden, aber ich kann in diesem Buch nicht auf alle Erkrankungen eingehen. Ich empfehle weitere Literatur; eventuell kann man die Portionen auch in Absprache mit dem Tierarzt oder einem Tierheilpraktiker zusammen stellen.

Der erwachsene Hund bekommt je nach Situation und Verträglichkeit 1-2 Mahlzeiten täglich, der Welpe und Junghund 3-5, bei alten und kranken Hunden muss man die Häufigkeit der Fütterungen ggfs ebenfalls anpassen. Man sollte möglichst immer etwa zur selben Zeit füttern. Futter sollte nicht ständig zur freien Verfügung stehen (ausgenommen Kauartikel o.ä.). BARF und Nassfutter kann besonders im Sommer verderben oder Ungeziefer anlocken. Außerdem kann man sich einen mäkelnden Fresser erziehen, wenn Futter immer bereit steht. Andererseits kann man seinen Hund auch zum Fressack erziehen, der alles in sich hinein-stopft, wenn man das Futter wegnimmt, sobald der Hund sich kurz abwendet. Am besten nimmt man den Futternapf weg, wenn der Hund sich davon abwen-det und sich nicht mehr dafür interessiert. Frisst der Hund den Napf zügig leer und schleckt ihn aus, war eventuell die Ration zu klein. Dann sollte man bei der nächsten Ration etwas mehr geben, vorausgesetzt, Figur und Gesundheitszu-stand des Hundes erlauben dies. Man sollte aber kein Futter nachgeben, sonst bestimmt in Zukunft der Hund, wieviel gefressen wird. Lässt der Hund Futter im Napf zurück, war die Portion wahrscheinlich zu groß. Dann gibt es beim nächsten Mal etwas weniger. Ein Hund, der ständig Appetit zu haben scheint, und dabei nicht zu- oder gar abnimmt, sollte einmal dem Tierarzt vorgestellt werden. Viel-leicht steckt ein gesundheitliches Problem dahinter, etwa ein starker Wurmbefall. Einen mäkeligen Fresser kann man zum Fressen animieren, indem in kleinsten Mengen etwas untergemischt wird, das der Hund sehr gerne frisst, z.B. geriebe-ner Käse, gekochtes Hühnchen, Eier (roh, gebraten oder gekocht), bestimmte Dosenfutter..... Hunde, die nicht genug zu trinken scheinen, kann man vielleicht mit etwas Traubenzucker, Fleisch- oder Markknochenbrühe im Trinkwasser ani-mieren, mehr zu trinken. Frisches Wasser muss im Gegensatz zu Futter ständig bereit stehen. Brühe von ausgekochten Knochen in der Hauptmahlzeit ist eben-falls zu empfehlen. **Ein Kauleckerli** sollte im Gegensatz zum Hauptfutter immer bereit liegen. Es pflegt das Gebiss und beschäftigt den Hund, z.B. getrocknete Rinder- oder Schweinsohren, ein roher Knochen, ein Rinder- oder Büffelhautkno-chen, ein getrockneter Ochsenziemer, ein roher Kalbs- oder Rinderschwanz, ein roher Puten- oder Hühnerhals..... Rohe Knochen sollte man eher unter Aufsicht füttern, getrocknete Stücke aus Haut ect können ständig zur Verfügung stehen. Ein artgerecht ausgelasteter, gut erzogener Hund, der in der Zeit, in der er sich alleine zu Hause aufhält, ein artgerechtes Kauleckerli hat, mit dem er sich be-schäftigen kann, pflegt seine Zähne und hat weniger Zeit, irgend etwas anzu-fressen oder anderen Unfug zu machen. Übrigens: Trockenfutter reinigt keine Zähne! Und Hunde sollten auch nicht zwischen den Mahlzeiten „vollgestopft" werden. Leckerli, die sich zur Beschäftigung oder Gebisspflege eignen, oder sol-che, die der Hund als Belohnung beim Training, bei Pflegemaßnahmen oder bei der Medikamenteneingabe bekommt (man kann z.B. Tabletten in Frischkäse verstecken) oder die man für den Hund zum Suchen versteckt, sind natürlich in Maßen sinnvoll. Man sollte sie aber gezielt einsetzen, auf gesunde Leckerli ach-ten und ggfs bei der Hauptmahlzeit berücksichtigen.

Ich kann mit diesem Kapitel nur Anhaltspunkte geben. Hunde verschiedener Al-tersgruppen, kranke Hunde, wachsende Hunde, alte Hunde, besonders aktive Hunde usw haben z.T. unterschiedliche Ansprüche an das Futter. Das muss bei der Zusammenstellung der Rationen bedacht werden. Ein Hund sollte mit vollem Magen nicht herumtoben oder sich übermäßig sportlich betätigen. Auch Deck-akte sollten in dieser Zeit nicht stattfinden. Eine **lebensgefährliche Magendre-hung** könnte sonst die Folge sein. Symptome wie vergebliche Versuche zu erbrechen, starkes Speicheln und Unruhe sowie Aufblähen des Vorderbauches soll-ten den Hundehalter misstrauisch werden lassen und man sollte den Hund um-gehend zum Tierarzt bringen. Nur durch eine Not-OP kann der Hund eventuell gerettet werden! Hunde mit schwachem Bindegewebe und solche, die schon einmal eine Magendrehung überlebt haben, sind meistens anfälliger für eine (erneute) Magendrehung. Gebarfte Hunde haben laut Studien nur selten Ma-gendrehungen. Man sollte aber dennoch vorsichtig sein.

Für Welpen, alte Hunde oder Hunde mit Zahnproblemen kann man das Fleisch auch wolfen (ebenso wie Knochen). Auch vorübergehend kann man Fleisch wolfen und mit dem bisherigen Futter mischen, wenn man seinen Hund umstel-len möchte. Für mäkelige Fresser kann man das Fleisch ebenfalls wolfen. Man sollte aber bedenken, dass größere Fleischbrocken der Zahngesundheit zuträg-licher sind als kleingewolfter Fleischbrei, der nur noch hinunter geschluckt zu wer-den braucht.

Welpen bekommen 3-5 Mahlzeiten täglich, erwachsene Hunde je nach Umstän-den und Verträglichkeit 1-2. Ältere oder kranke Hunde können, wenn sie dies besser vertragen, wieder 3-5 Mahlzeiten bekommen, die natürlich entsprechend kleiner sind als 1-2 große. Die Rezepte sind auf erwachsene, durchschnittlich be-anspruchte Schäferhunde von 25 kg Gewicht ausgerichtet. Der Bedarf kann schwanken. Welpen bzw wachsende und kranke Hunde sollten wirklich täglich ausgewogen und nach Bedarf gefüttert werden, da sich gerade in der Wachs-tumsphase gemachte Fehler später schädlich auswirken können. Tragende und säugende Hündinnen haben einen anderen Bedarf als „normale" Hunde. Auch erwachsene Hunde müssen bedarfsgerecht gefüttert werden, doch wird bei diesen eine ausgewogene Ernährung auch über mehrere Wochen erreicht. Man kann einen erwachsenen Hund also auch täglich korrekt nach Bedarf füt-tern, doch ist es bei gesunden, ausgewachsenen Hunden nicht so schlimm, wenn zwischendurch einmal eine Mahlzeit nicht ganz perfekt zusammen gesetzt ist. Es reicht, wenn der Hund über die Woche hinweg alle Nährstoffe im richtigen Verhältnis bekommt, die er braucht. (Wobei es ohnehin schwierig ist, alle not-wenigen Nährstoffe in EINE Mahlzeit zu bekommen.) Hin und wieder wird der Hund es schon vertragen, wenn hier und da mal ein Nährstoff zuviel oder zuwe-nig enthalten ist. Anders sieht es natürlich bei bestimmten Erkrankungen aus. Wir Menschen rechnen unseren täglichen Bedarf ja auch nicht ständig aus – sofern wir aus gesundheitlichen Gründen keine besondere Diät einhalten müssen. Über einen gewissen Zeitraum (ca. 1-2 Wochen) sollte der Hund aber alle wichtigen Komponenten bzw Nährstoffe in seinen Mahlzeiten erhalten (in der Gesamtheit gesehen).

Als **Leckerli** eignen sich u.a. getrocknete Schweinsohren, Rinder- und Kanin-chenohren (getrocknet oder frisch), Büffelhautknochen, Hühnerfüßchen (ge-trocknet oder frisch), Käsewürfelchen (Käse je nach Vorlieben und Verträglichkeiten des Hundes wählen), Trockenfleisch, Trockenfisch, Lammohren (getrocknet oder frisch), Dörrfleisch, Karottenstückchen, Apfelstückchen, in Maßen auch Wienerscheibchen oder Leberwurst und Frischkäse. Leberwurst und Frischkäse eignen sich, um darin ungeliebte Medikamente zu verstecken. Für **Allergiker** gibt es im Fachhandel auch „exotische Fleischsorten". So werden reine Fleischdosen mit Lamm-, Pferde-, Hirsch- oder Straußenfleisch (mit oder ohne Kürbis o.a. Gemüse), sowie Kauknochen aus Pferde- oder Lammhaut, getrocknete Lammohren usw im Fachhandel angeboten. Man kann Allergiker aber auch sehr gut barfen (allerdings kann sich eine Allergie auch gegen die exotischeren Fleischsorten richten und der Hund kann dafür Rind, Huhn, Pute usw vertragen). Allergien oder Futtermittelunverträglichkeiten können sich gegen einzelne Bestandteile im Futter, etwa bestimmte Eiweiße, richten. Hunde reagieren dann häufig mit Verdauungs-, Haut-, Fell- und anderen Problemen auf diese Bestandteile im Futter. Hunde können auf alles Mögliche allergisch reagieren: bestimmte Eiweiße, Fette, Zucker, Gemüse- und Obstsorten, Getreide usw. Bei sehr starken Unverträglichkeiten reichen schon Spuren bestimmter Futterbestandteile aus, und die Hunde reagieren darauf mit Übelkeit, Erbrechen, Durchfall, Hautproblemen, Haarausfall, Schuppenbildung und einigen anderen Dingen mehr. Manche Hunde reagieren sehr stark auf bestimmte Komponenten, andere nur sehr schwach. Ein Hund, der auf bestimmte Futterbestandteile reagiert, sollte diese natürlich nicht mehr fressen. Man sollte dann mit einer Art Ausschlussdiät beginnen. Der Hund bekommt vier Wochen nur eine einzige Fleischsorte. Bekommt ihm diese gut, mischt man einen anderen Futterbestandteil unter, bestimmte Fette und Getreide, Gemüse oder Obst, z.B. Lachsöl, Karotten und Dinkelflocken. Aber immer nur eine Komponente zufügen für den Fall, dass der Hund wieder reagiert. Ist alles in Ordnung, fühlt er sich wohl, ist er gesund, kann die nächste Komponente zugefügt werden. Wer unsicher ist, ob der Hund alles bekommt, was er braucht (weil ja nur eine beschränkte Zusammensetzung von Nahrungskomponenten möglich ist), kann einen Tierarzt, Tierheilpraktiker oder Tierernährungsberater zu Rate ziehen. Allerdings hält das ein Hund schon einmal einige Wochen aus, ohne gleich einen Nährstoffmangel zu bekommen. Schließlich leben auch jahrelang Hunde und Katzen, die mit Getreideabfällen aus Dosen und Tüten ernährt wurden, recht gut. Erst nach einigen Jahren bekommen die Tiere aufgrund der falschen Ernährung (in manchen Fällen sind andere Dinge möglicherweise auch mit beteiligt) Krebs-, Zahn-, Nieren-, Blasen- und andere Leiden. Fälschlicherweise werden diese Erkrankungen dann oft auf das Alter geschoben. Dabei sollte man aber bedenken, dass Tierärzte sich nicht grundsätzlich mit Tierernährung auskennen und dass Tierheilpraktiker und Tierernährungsberater nicht unbedingt als anerkannte Berufe gelten. Und unter beiden Lagern kann es schwarze Schafe geben. Hier ist also eine gehörige Portion eigenes Wissen, aber auch Vertrauen notwendig, was jedoch nicht bedeutet, dass man Tierheilpraktikern und Tierernährungsberatern grundsätzlich kein Vertrauen schenken kann. Oder dass Tierärzte sich grundsätzlich nie mit Hunde- und Katzenernährung auskennen. Man sollte nur vorsichtig sein, und es ist nicht leicht, die Spreu vom Weizen zu trennen. Deshalb sollte man sich auch selbst informieren und natürlich schaut man seinem Gegenüber nur vor den Kopf. Außerdem ernähren sich auch wilde Wölfe nicht jeden Tag perfekt... Jedenfalls sollte man bei einer Ausschlussdiät für Allergiker möglichst auf Komponenten zurückgreifen, die der Hund noch nie gefressen hat oder möglichst nur sehr selten. Dann ist die Gefahr einer Unverträglichkeit nicht so groß. Man sollte auch ganz bewusst 1-2 Fleischsorten nie füttern, um im Falle von Unverträglichkeiten noch Ausweichmöglichkeiten zu haben. Beim Obst und Gemüse sind die Auswahlmöglichkeiten meist sehr viel größer. Hunde können auch auf Getreide oder bestimmte Fette reagieren. Auch hier gilt es herauszufinden, was der Hund verträgt. Futtermittelunverträglichkeiten haben ihren Ursprung nicht selten in Industriefutter. Aber auch ständig schlecht zusammen gestellte BARF-Mahlzeiten sind auf Dauer ungeeignet. Deshalb sollte man sich unbedingt sehr genau informieren, bevor man seinem Hund eigene Mahlzeiten kredenzt. Es ist keine Hexerei, trotzdem sollte man einige gute Bücher zum Thema lesen. Wer unsicher ist oder einen kranken Hund zu versorgen hat, kann auch gerne einen Tierheilpraktiker oder Tierarzt um Rat fragen. Internetforennutzer sind meist Laien; dennoch kann man manchmal auch hier manch guten Tip erhalten oder Erfahrungen austauschen. Einige Tierärzte bieten speziell auf den einzelnen Hund zugeschnittene BARF-Berechnungen und auch BARF-Beratungen an. Die Qualität ist sehr unterschiedlich. Auch hier gibt es schwarze Schafe unter den Anbietern, solche die nur schnelles Geld machen wollen oder gar nicht wissen, wie man einen Hund artgerecht ernährt (weil sie ja von Futtermittelfirmen geschult werden, die nur ihren Getreideabfall an den Mann bringen wollen) oder die einem Hundebesitzer einreden wollen, dass man als „Laie" gar nicht in der Lage ist, einen Hund selbst und bedarfsgerecht zu füttern. Wahrscheinlich muss man dann auch ein Studium absolviert haben, um sich selbst vernünftig zu ernähren... Dabei braucht man sich nur den Speiseplan wilder Beutegreifer ansehen, der sich bei unseren heutigen Haushunden nicht sehr verändert hat.

Für Hunde mit Knochen- und Gelenkserkrankungen ist BARF ebenfalls eine sehr gute Methode. Lachsöl wirkt entzündungshemmend. Getreide sollte vermieden werden. Geflügel, Kaninchen und Fisch sind gut geeignet, aber auch andere Fleischsorten wie Rind oder Lamm. Ein wenig geraspeltes Gemüse sollte im Futter sein, aber kein Getreide. Grünlippmuschel o.ä. Präparate können unterstützend eingesetzt werden. Als Leckerli sind auch hier Trockenfleisch, Trockenfisch, getrocknete Innereien u.ä. geeignet. Zuviel Innereien können von Nachteil sein. Hin und wieder in kleinen Mengen gegeben, werden sie nicht schaden, sofern der Hund sie verträgt.

Das Kapitel sollte nur eine kleine Einführung sein. Ich hoffe, den Leser für die Rohfütterung begeistert zu haben. Die meisten Hunde lieben ihre BARF-Mahlzeiten und sitzen geifernd und mit glänzenden Augen daneben, wenn ihr Futter zubereitet wird. Im Notfall kann man aber immer noch ein gutes (!) Dosenfutter wählen.

Zum Schluss: BARF nicht um jeden Preis

Ich persönlich bin voll und ganz von BARF überzeugt. Aber nicht jeder Hunde-freund (und sogar mancher Hund) kann sich für das BARFen erwärmen. Wer un-sicher ist, wer nicht gerne mit rohem Fleisch hantiert: es gibt immer noch Alter-nativen: Selbstgekochtes und gutes Nassfutter sowie auch Fertig-BARF. In selte-nen Fällen sind Hunde gar nicht von BARF zu überzeugen oder sie vertragen es nicht gut. Das ist zwar äußerst selten, kann aber schon mal vorkommen. Dann ist Selbstgekochtes oder gutes Dosenfutter eine gute Alternative. Auch, wenn der Hundehalter aus welchen Gründen auch immer nicht barfen möchte, ist Selbst-gekochtes oder gutes Dosenfutter eine geeignete Wahl. Ich möchte außerdem anmerken, dass auch manche Tierärzte etwas von artgerechter Hunde- und Katzenernährung verstehen, aber das ist selten. In der Regel liegt der der Schwerpunkt der Arbeit des Tierarztes ja auch woanders.

Gesundheit und Pflege

Ich kann auch in diesem Kapitel nicht auf sämtliche Erkrankungen eingehen, die einen Weißen Schweizer Schäferhund befallen können. Sicher werden einige Er-krankungen fehlen. Ich empfehle weiterführende Literatur. Man sollte auch grundsätzlich mit dem Hund zum Tierarzt gehen, wenn man glaubt, dass etwas nicht stimmt. **Krankheitsanzeichen** sind vielfältig. Wesensveränderungen, Haut-veränderungen, Erbrechen, Durchfall, Verstopfung (obwohl die drei zuletzt ge-nannten schon einmal vorkommen können und nicht unbedingt gleich etwas Schlimmes bedeuten), Fellveränderungen (Haarbruch, Haarausfall, kreisrunde, haarlose Stellen o.ä.), seltsame Beläge in den Ohren, ständiges Kopfschiefhal-ten, ständiges Kratzen, ständiges Kopfschütteln, Lahmheiten, Appetitsverlust, Verweigerung von Trinkwasser, übermäßige Futter- oder Wasseraufnahme, Blut in Urin oder Exkrementen, Blutungen aus den Körperöffnungen (bei Hündinnen auch vaginale Blutungen außerhalb der Läufigkeit) usw können auf Erkrankun-gen hindeuten und sollten abgeklärt werden. Eine Hündin wird übrigens 1-3 im Jahr für etwa 2-3 Wochen **läufig.** In dieser Zeit kann sie erfolgreich gedeckt wer-den. Die Läufigkeit oder Hitze tritt erstmalig bei Hündinnen im Alter zwischen ca. 6 und 12 Monaten auf. Das heißt, dass sie ein blutiges vaginales Sekret abson-dert, das mit der Zeit heller und schließlich wässig-klar wird. Meist kann die Hündin zwischen dem 10. Und 17. Tag der Läufigkeit erfolgreich gedeckt werden, wes-halb die Hündin sorgfältig beobachtet werden sollte. Man sollte sie in dieser Zeit nicht alleine in den Garten lassen und nur an der Leine ausführen. Wahrschein-lich wird sie eine tolle Duftspur legen, um Rüden anzulocken (aber auch nicht läufige sowie kastrierte Hündinnen markieren – einige eher hockend, viele aber wie Rüden mit erhobenem Hinterlauf!). Wer nicht züchten möchte, sollte sich Gedanken über eine **Kastration** machen, bei der die Gebärmutter und die Eier-stöcke entfernt werden. Erkrankungen der Gebärmutter und Eierstöcke sind dann nicht mehr möglich. Bei Kastration der Hündin vor der ersten Läufigkeit sind auch Gesäugetumoren so gut wie ausgeschlossen. Schon alleine aufgrund der gesundheitlichen Vorteile sollte man über eine Kastration nachdenken. Die Kastration beseitigt natürlich auch die Läufigkeit, was sehr entspannend für Hündin und Halter ist, weil nun nicht mehr ständig Rüden vor der Haustür stehen, die die Hündin decken wollen. Außerdem entstehen keine ungewollten Welpen. Die Möglichkeit der Kastration besteht natürlich auch beim Rüden, bei dem beide Hoden entfernt werden. Zuchtausschließende Fehler können ein Grund zur Kastration sein, bestimmte Erkrankungen, Gesundheitsvorsorge und natürlich auch das entspanntere Zusammenleben mit dem Hund. Es besteht kein Muss, den Hund kastrieren zu lassen. Für Nicht-Zuchthunde ist es aber häufig sinnvoll. Wer unsicher ist, sollte sich beim Tierarzt über das Für und Wider informieren. Ein kastrierter Hund wird nicht fett und faul, soweit er vernünftig bewegt und ernährt wird. Natürlich ist ein Narkoserisiko nicht gänzlich auszuschließen. Fellveränderungen sind möglich (es kann sein, dass es ein wenig weicher, länger und dichter wird), und durch den veränderten Hormonhaushalt kann es nötig sein, die Futtermenge etwas zu reduzieren. Besonders mit den Kohlenhydraten sollte man aufpassen. Fett und Fleisch machen nicht fett, wohl aber Getreide und Zucker. Außerdem können Fell und Hautpigment aufhellen. Manche Hunde werden ruhiger und / oder anhänglicher (muss aber nicht sein). Hündin und Rüde sind nach der Kastration unfruchtbar, und eine Hündin wird normalerweise nicht mehr läufig und auch nicht scheinträchtig. Eine Sterilisation ist nicht zu empfehlen. Sie wird auch kaum noch angewandt. Beim Rüden werden hierbei die Samenleiter durchtrennt, bei der Hündin die Eileiter. Am Verhalten ändert sich nichts, die Hündin wird weiterhin läufig, Erkrankungen der Reproduktionsorgane sind immer noch möglich. Die Sterilisation bietet keinerlei Vorteile. Sie macht die Tiere nur unfruchtbar. Die Kosten für die Kastration der Hündin liegen meist zwischen 200 und 400 €, die des Rüden zwischen 200 und 300 €. Aber wie gesagt: es ist eine sehr persönliche Einstellung. Besteht kein unbedingtes Muss zur Kastration und der Hundehalter ist dagegen, ist das natürlich auch legitim. In manchen Fällen kann es sogar sinnvoller sein, auf eine Kastration zu verzichten.

Bei **Erkrankungen des Bewegungsapparats und der Nerven** kann auch ein **Tierphysiotherapeut** gute Dienste leisten. Auch mancher Tierheilpraktiker kann hilfreich sein. Im Anhang habe ich entsprechende Bücher genannt. Adressen kann vielleicht der Tierarzt nennen, ansonsten kann man auch danach googlen.

Zum Thema **Zahnpflege** wurde im Ernährungskapitel schon das Wichtigste gesagt, weshalb ich hier nicht weiter darauf eingehen werde. Der Schäferhund ist eigentlich recht pflegeleicht. Ein gebarfter Hund haart übrigens weniger als der mit durchschnittlichem Fertigfutter traktierte Hund. Er riecht im Gegensatz zu diesen auch nicht unangenehm. Gestank entsteht bei Hunden übrigens häufig, wenn sie falsch ernährt werden, weil sie über die Haut permanent zu entgiften versuchen. Würde ein wilder Wolf stinken, bekäme er kaum noch ein Beutetier zu fassen, weil dieses ihn 10 Meilen gegen den Wind riechen und somit rechtzeitig fliehen würde. Der Weiße Schweizer Schäferhund sollte im Fellwechsel täglich **gründlich gebürstet** werden. Dies entfernt altes, totes Haar und hält den Fellregen innerhalb des Hauses in Grenzen. Ebenso wird die Hautdurchblutung angeregt. Außerhalb des Fellwechsels reicht ein- bis zweimaliges gründliches Bürsten in der Woche. Der Langstockhund muss besonders gründlich gebürstet werden, da das Fell sonst verfilzen kann. Beim Langstockhund fällt das tote Haar oft nicht einfach aus, sondern wird von den fest sitzenden Haaren festgehalten. So kommt es schneller zu Verfilzungen. Diese sehen unschön aus und sind für den Hund unangenehm. Auch kommt dann nicht mehr genügend Sauerstoff an den Körper. Aus diesem Grund ist ein- bis zweimal wöchentliches Bürsten und Kämmen wichtig, im Fellwechsel eventuell auch täglich. Sollte das Fell dennoch verfilzen, kann man versuchen, es mit einem Entfilzerkamm wieder zu entwirren. Ist es ganz schlimm, sollte man das Fell vorsichtig mit einer runden Schere leicht kürzen bzw die Knoten aufschneiden. Allgemein reicht regelmäßiges und gründliches Bürsten aber aus. Auch Langstockhunde sind recht pflegeleicht. Sicherlich wird man in einem Hundehaushalt den Staubsauger öfter zur Hand nehmen müssen, aber bei gesund ernährten und gepflegten Hunden hält sich das in Grenzen. **Baden** mit speziellem Hundeshampoo ist höchstens vierteljährlich nötig. Man braucht den Hund nur mit Hundeshampoo zu baden, wenn er sich mit einem „Wohlgeruch" parfümiert hat oder wenn er aus medizinischen Gründen spezielle Zusätze im Bad erhalten muss. Ansonsten muss er nicht unbedingt mit Shampoo gebadet werden. Zuviele Badezusätze können Hautirritationen u.ä. hervorrufen. Die Hundehaut hat eine fettige, schützende Schicht, die durch zu viele und zu häufige Badezusätze mit der Zeit zerstört werden kann. Gegen ein Bad in einem Teich oder See ist nichts einzuwenden, wenn dort kein Gerümpel herumliegt, an dem sich der Hund verletzen kann und das Wasser sauber ist. Die **Krallen** nutzen sich beim Laufen auf harten Untergründen ab. Zu lange Krallen können den Hund beim Laufen behindern und Fehlstellungen an den Pfoten begünstigen. Sie müssen gekürzt werden. Es wird nur die Spitze soweit gekürzt (mit einer speziellen Krallenzange), dass der Hund normal laufen kann. Wer unsicher ist, kann das den Tierarzt oder Personal in einem Hundesalon durchführen lassen. Es darf nicht in das Leben geschnitten werden. Es kommt hierbei zu Schmerzen und Blutungen. In einem solchen Fall sollte man flüssiges Wundpflaster oder Sprühpflaster auf die Pfote geben und die Pfote verbinden. Sollte die Blutung nicht innerhalb kurzer Zeit stehen, sollte man den Tierarzt aufsuchen. Normalerweise nutzen sich die Krallen aber ausreichend auf hartem Boden ab. Splitternde Krallen deuten häufig auf einen Nährstoffmangel hin. Im Winter kann man die Pfoten hin und wieder mit Vaseline einfetten und sie so etwas schützen. Weiße Schweizer Schäferhunde sind langstockhaarig oder stockhaarig. Bei Langstockhunden ist das Fell zwischen den Zehen ebenfalls länger. Hier können sich im Winter Eisklumpen zwischen den Zehen festsetzen, die den Hund beim Laufen behindern und auch zu Schmerzen und Fehlstellungen führen können. Dann sollte man das Haar zwischen den Zehen hin und wieder mit einer runden Schere vorsichtig kürzen. Es können sich dann auch Steinchen usw nicht mehr so leicht festsetzen. Im Fachhandel sind Krallenzangen, Spezialstriegel, Kämme und Bürsten für beide Haararten erhältlich. Die **Ohren** des Hundes sollten etwa alle 1-2 Wochen gereinigt werden. Entweder nimmt man spezielle Reinigungsflüssigkeit, die in die Ohrmuschel einmassiert wird und vom Hund anschließend mit samt Schmutz durch kräftiges Schütteln wieder herausbefördert wird. Oder man nimmt einen Wattepad (kein Stäbchen) und etwas Babyöl und reinigt damit vorsichtig den sichtbaren Teil des Hundeohrs. Schwarze, bräunliche und rötliche Ablagerungen, Rötungen und sonstige Auffälligkeiten sollten einen Gang zum Tierarzt zur Folge haben. Es könnte sich um Parasiten wie Milben oder andere Erkrankungen handeln. **Schwarze Krümelchen** im Hundefell deuten auf **Flöhe** hin. Beim Tierarzt oder im Zoofachhandel bekommt man Mittel, um die Parasiten am Hund und im Haus (denn Flöhe halten sich nicht nur auf dem Hund auf) zu entfernen. Es gibt Sprays, Puder und Shampoos sowie Spot-On-Präparate. Letztere werden auf die Hundehaut geträufelt und wirken je nach Präparat auch gegen andere **Parasiten wie Zecken**. Da die Flöhe und ihre Nissen sich nicht nur auf dem Hund befinden, sondern meistens auch an allen Aufenthaltsplätzen des Hundes, sollte man in diesem Fall das ganze Haus bzw die Wohnung behandeln, ggfs auch das Auto ect. Im Fachhandel gibt es Indoorex-Foggers, die das Haus flächendeckend einnebeln. Sie töten zuverlässig alles ab. Selbstverständlich müssen in dieser Zeit alle Menschen und Tiere das Haus verlassen. Auch Lebensmittel usw sollten nicht herumliegen. Nach 2-3 Stunden sollten alle Parasiten tot sein. Man sollte dann die ganze Wohnung / Haus gründlich lüften und staubsaugen. Flöhe führen häufig zu Juckreiz und Allergien. Sie können auch Würmer übertragen. **Zecken** stiefeln ab dem Frühjahr im Gebüsch und auf Wiesen herum. Wenn der Hund an einem Grasbüschel entlangstreift, kann er eine Zecke „mitnehmen", die an seinem Fell hängen bleibt und sich dann in seiner Haut festsaugt. Nach dem ersten Frost gibt es meistens keine Zecken mehr. Es handelt sich hierbei um kleine gräulich-braune Spinnentiere, die bei Mensch und Tier böse Infektionen wie Meningitis, Meningoencephalitis, Borreliose u.a. hervorrufen können. Alle diese Erkrankungen können schlimme Folgen haben. Zecken sollten so schnell wie möglich entfernt werden. Man sollte den Hund (und sich selbst) nach jedem Spaziergang nach Zecken absuchen und sie gegebenenfalls einsammeln. Hat sich eine Zecke schon festgebissen, sollte man sie mit einer speziellen Zeckenzange, die es beim Tierarzt oder im Zoofachhandel gibt, direkt am Kopf packen und vorsichtig herausziehen. Ob man die Zecke gerade oder leicht gedreht herauszieht, muss man ausprobieren. Je nachdem, was man besser hinbekommt. Ruckartiges Reißen kann zum Abtrennen des Zeckenkopfes führen, der sich unter der Hundehaut entzünden kann. Meistens stößt der Hundeorganismus den Zeckenkopf ab, sollte er einmal stecken bleiben. Man sollte die Zecke auch nicht mit irgendetwas beträufeln, da sie dann erstickt und im Todeskampf noch einmal ihr giftiges Sekret ausspuckt. Sollte der Hund nach einem Zeckenbiss irgendwie „kränkeln", sollte man den Tierarzt aufsuchen (bemerkt man als Mensch Auffälligkeiten an sich selbst, nachdem man einen Zeckenbiss hatte, sollte man natürlich ggfs. ebenso den Arzt aufsuchen). Meistens gehen Zeckenbisse glimpflich aus. Aber es kommt dennoch viel zu oft zu gefährlichen Infektionen bei Mensch und Tier. Um den Hund vor Zeckenbefall zu schützen, kann man ihn mit Kokosöl einreiben, aber das reicht nicht immer. Man kann auch chemische Präparate verwenden. Allerdings belasten chemische Parasitenschutzmittel den Organismus des Hundes meistens erheblich mehr als biologische. Sie sollten nur eingesetzt werden, wenn die anderen (biologischen) Präparate versagen oder aber bei einem aggressiven Parasitenbefall, dem man anders nicht beikommt. **Würmer** zählen zu den inneren Parasiten, die vorwiegend den Magen-Darm-Trakt, aber auch andere Körperregionen des Hundes befallen können. Auch sie können schwere Erkrankungen auslösen. Man unterscheidet verschiedene Wurmarten wie Faden-, Band-, Spul-, Haken- und Peitschenwürmer. Manchmal sieht man weiße Stücke in den Exkrementen des Hundes oder sie schauen aus der Nase oder dem After des Hundes heraus. Welpen sollten alle 2-3 Monate chemisch entwurmt werden (Spot-Ons, Pasten, Tabletten und ähnliche geeignete Präparate gibt es beim Tierarzt). Bei Welpen kann ein Wurmbefall sehr schnell zum Tod führen. Aber auch einem erwachsenen Hund tun Würmer nicht unbedingt gut. Zur Zucht bestimmte Hündinnen sollten ca. einen Monat vor dem Decken entwurmt werden, ebenso während der Tragezeit und dann noch einmal während der Säugeperiode, weil sich Würmer während der Trächtigkeit auf die Embryonen und während des Säugens auch auf die Welpen übertragen und diese schädigen können. Symptome können Abmagerung bei großem Appetit, aufgeblähter Bauch, Husten, Schnupfen (weil Würmer sich auch in den Atemwegen bewegen können), Durchfall, Verstopfung, Erbrechen, stumpfes Fell, Appetitsverlust u.a. sein. Würmer können zu bösen Infektionen führen. Wenn Kleinkinder oder immungeschwächte Personen im Haushalt leben, kann es sinnvoll sein, den Hund regelmäßig zu entwurmen. Allerdings stellt die Entwurmung auch eine Belastung für den Organismus des Hundes dar. Bei einem leichten Wurmbefall oder auch zur Vorbeugung kann man auch natürliche Mittel einsetzen. Kokosöl und Kokosflocken (je ein EL ins Futter) helfen vorbeugend und austreibend gegen Würmer. Ins Fell gerieben, hilft Kokosöl auch gegen äußere Parasiten. Einige Hundehalter haben auch gute Erfahrungen mit anderen natürlichen Mitteln wie z.B. Möhren, Fenchel, Thymian, Knoblauch ect gemacht. Knoblauch sollte aber wenn überhaupt nur in kleinsten Mengen und nicht regelmäßig gegeben werden, da er – in großen Mengen gefüttert - zu Blutarmut bzw zu Zerstörung der roten Blutkörperchen führen kann. Ich persönlich würde von Knoblauch eher abraten. Man weiß nie genau, wie der Hundeorganismus damit fertig wird. Helfen alle natürlichen Mittel nicht, muss man wohl oder übel auf ein Mittel vom Tierarzt zurückgreifen. Einen ganz leichten Wurmbefall kann ein erwachsener, gesunder Hund aber meistens ganz gut wegstecken. Mit natürlichen Mitteln bekommt man diesen oft gut in den Griff. Würmer kann sich der Hund durch infiziertes Futter zuziehen, doch ist diese Gefahr eigentlich gering. Jedoch kann der Hund z.B. eine infizierte Maus fressen oder sich über das Beschnüffeln eines infizierten Häufchens anstecken. Fertigfutter ist erhitzt und keimfrei. Was nicht heißt, dass es auch immer das richtige Futter ist. BARF-Portionen sind, soweit sie sorgfältig und unter hygienischen Bestimmungen zubereitet wurden, unbedenklich. Fleisch, Knochen und Innereien sollten

40

vor dem Verfüttern einmal eingefroren werden. Da überlebt kein Wurm. Außerdem sollte das Fleisch von für den menschlichen Verzehr freigegebenen Schlachttieren stammen, das einer Fleischbeschau durch Tierärzte unterzogen wurde. Hierbei wird das Fleisch normalerweise auch auf bestimmte Erreger untersucht. Nicht zuletzt erledigt die Magensäure des Hundes auch den letzten Keim. Dennoch sollte man bedenken, dass z.B. ein kranker Hund anfälliger sein kann. Wie an anderer Stelle beschrieben sollte man kein rohes Schweinefleisch füttern, da dieses einen tödlichen Erreger beinhalten kann. Wenn man genau weiß, dass sein Hund krank ist oder Würmer hat, sollte man auch die Hinterlassenschaften des Hundes entsorgen, damit sich keine anderen Tiere und Menschen anstecken können. An bestimmten Plätzen (wie z.B. auf öffentlichen Gehwegen usw) sollten die Häufchen sowieso entfernt werden, wenn sie einmal ausnahmsweise dort landen. Wer in ländlicher Gegend wohnt bzw dort mit seinem Hund Spaziergänge macht, findet sicher genügend Gelegenheit dazu, seinen Hund sich dort lösen zu lassen, wo Häufchen niemanden stören. In der Stadt ist das schwieriger, und im Zweifelsfall sollte man dann das Häufchen lieber entsorgen. Wer hineintritt, ärgert sich. Und vor seiner Haustür hat man „so etwas" nun auch nicht unbedingt gerne. Wenn man Pech hat, „darf" man auch noch ein Ordnungsgeld bezahlen, falls man erwischt wird.

Der Welpe hat beim Züchter bereits eine **Grundimmunisierung** erhalten. Normalerweise werden Hunde gegen Parvovirose, Staupe, Hepatitis, Leptospirose, Zwingerhusten und Tollwut geimpft. Diese Krankheiten können zu schweren Infektionen und teilweise zum Tod des Hundes führen. Einige Erkrankungen zählen zu den Zoonosen. Das heißt, dass sie vom Menschen auf das Tier und umgekehrt übertragbar sind. Dazu gehört z.B. die Tollwut. Bei vielen Erkrankungen hilft eine Behandlung oft nicht mehr, bei der Tollwut ist sie sogar verboten. Deshalb sollte man unbedingt auf einen ausreichenden Impfschutz achten. Impfen werden vom Tierarzt in einen Impfpass eingetragen. Der Impfpass ist ein wichtiges Dokument, mit dem man den Impfstatus des Hundes nachweisen kann. Ob man den Hund auch gegen andere Erkrankungen wie Borreliose usw impfen lässt, hängt u.a. von der Wohngegend ab und sollte mit dem Tierarzt abgesprochen werden. Je nach Impfstoff werden Hunde normalweise alle 1-3 Jahre nachgeimpft. Es gibt Hundehalter, die ihren Hund nur grundimmunisieren lassen. Laut einigen Informationen soll eine einmalige Grundimmunisierung ein Leben lang ausreichen. Ich persönlich bin für regelmäßiges Impfen. Aber natürlich ist es nicht von der Hand zu weisen, dass Impfungen auch Nebenwirkungen haben können. Man sollte sich in der gängigen Hundeliteratur informieren, den Tierarzt und ggfs den Tierheilpraktiker um Rat fragen und dann selbst entscheiden. Man sollte aber bedenken, dass ein gänzlich ungeimpfter Hund eine Infektionsquelle für andere Tiere und Menschen darstellt und sich selbst auch anstecken kann – wenn man großes Pech auch mit tödlichem Ausgang. Weiße Schweizer Schäferhunde sind gesund und widerstandsfähig, soweit sie aus guter Zucht stammen, vernünftig gepflegt und ernährt werden. Dennoch kann auch ein Weißer Schäferhund bei bester Zucht und Haltung einmal krank werden. Selbst wenn man also nicht regelmäßig nachimpfen lassen möchte, sollte der Schäferhund unbedingt eine abgeschlossene Grundimmunisierung erhalten. Auf Zuchtschauen, Sportveranstaltungen, in Hundetagesstätten, Tierpensionen usw wird normalerweise ein ausreichender und aktueller Impfschutz verlangt. Bei Urlaubsreien ins Ausland ist dies normalerweise auch der Fall, mindestens aber wird eine ausreichende Immunisierung gegen Tollwut verlangt. Und wer einmal einen Welpen an Staupe oder Parvovirose hat zugrunde gehen sehen, wird den Sinn einer Grundimmunisierung wohl nicht mehr hinterfragen...

Hüftgelenksdysplasie ist eine meist genetisch bedingte Erkrankung der Hüftgelenke. Weiße Schweizer Schäferhunde sind selten betroffen (gute Zucht und Aufzucht vorausgesetzt), doch kann die Erkrankung bei allen Hunden ab der mittleren Größe auftreten. Zuchthunde müssen auf HD geröntgt werden, es sollten nur HD-freie Hunde bzw HD-fast-normale Hunde in die Zucht. Derzeit wird auch an genetischen Tests geforscht. Träger könnten dann von vornherein von der Zucht ausgeschlossen bzw bestimmte Verpaarungen vermieden werden. Auf die Vererbung der HD wird im Genetikkapitel noch weiter eingegangen. Es gibt auch noch die Grade leicht, mittel, schwer, die den Hund von der Zucht ausschließen würden. Bei der HD liegt meistens der Gelenkskopf nicht passgenau in der Pfanne bzw diese ist abgeflacht. Normalerweise ist der Oberschenkelkopf kugel- bis walzenförmig ausgebildet und liegt passgenau in der Pfanne. Es darf sich nur ein kleiner Spalt zwischen Kopf und Pfanne befinden. Bei der HD ist der Abstand größer, der Kopf abgeflacht. Der Oberschenkelkopf liegt nicht passgenau in der Gelenkspfanne. Das führt zu Abnutzungserscheinungen und Schmerzen. Symptome der HD sind meist X-Stellung der Hinterhand, Schmerzen, Lahmheiten, Hinken, Verweigern bestimmter Bewegungen usw. HD kann durch Röntgen festgestellt werden. Hierbei wird der Hund in Vollnarkose geröntgt. Normalerweise werden erst erwachsene Hunde geröntgt. Zeigt ein jüngerer Hund Symptome, kann und sollte auch dieser geröntgt werden. Bei Hunden unter einem Jahr ist eine operative Korrektur der Hüfte möglich, bei älteren der Einsatz einer künstlichen Hüfte. Ein Hund kann auch durch einen Unfall Hüftprobleme bekommen. Ein hüftkranker Hund benötigt eine angepasste Bewegung, die man mit dem Tierarzt absprechen sollte. Die Zuchtvereine arbeiten inzwischen auch an genetischen Tests, bei denen Körpermaterial (Blut ect) auf genetisches Vorkommen der HD mittels Markern untersucht wird. Im Genetikkapitel gehe ich noch weiter auf die HD ein, da sie als Erb-Umwelt-Krankheit gilt. Sie wird also einerseits vererbt, kann aber andererseits auch durch Umwelteinflüsse (Bewegung, Fütterung usw) beeinflusst werden. Auch **Physiotherapie** kann helfen, doch leider wachsen gute Tierphysiotherapeuten nicht auf Bäumen. Vielleicht kann der Tierarzt Kontakte vermitteln oder anderweitig helfen. Gelenksprobleme gehen meist auch mit Arthrosen, also Abnutzungserscheinungen der Gelenke einher. Eine Arthrose ist eine fortschreitende Gelenksabnutzung bzw -zerstörung, eine Arthritis dagegen eine akute Gelenksentzündung. Ein gelenkkranker Hund sollte Bewegung haben, aber keinen Extremsport betreiben. Der Muskelaufbau soll gewährleistet sein, aber zuviel und vor allem falsche Bewegung – aber auch zu wenig Bewegung - kann schaden. Zu wenig Bewegung ist ebenfalls schlecht und führt zum Muskelabbau. Radfahren, wilde Sprünge u.ä. sind nichts für einen hüftkranken Hund. Er sollte auch keine Treppen steigen. Schwimmen, Spazierengehen und Nasenarbeit sind meist auch für Hüftpatienten praktikabel. Die Behandlungen in der Tierphysiotherapie sind wie beim Menschen ähnlich: Krankengymnastik, Unterwasserlaufband, Elektrotherapie, Massagen, Bewegungstherapie, Kälteanwendungen, Wärmeanwendungen wie Fango, Heiße Rolle ect. Je nach Erkrankung werden sie angewandt. Bestimmte Behandlungen sollte nur ein ausgebildeter Physiotherapeut durchführen. Anderes kann man sich vom Physiotherapeuten zeigen lassen und dann selbst durchführen. Es gibt gute Bücher zum Thema, aber man sollte sehr vorsichtig damit sein, auf eigene Faust Behandlungen durchzuführen, falls man keine entsprechende Ausbildung hat. Kleine Massagen mit den Fingerspitzen an den Wirbelkörpern der Wirbelsäule entlang z.B. sind sicher nicht schädlich. Wenn der Hund dabei aber Schmerzen oder Unmut empfindet, sollte man das tunlichst sein lassen. Bewegungen, die der Hund von selbst und ohne Zwang ausführt, z.B. Slalom, bei dem der Hund die Wirbelsäule verbiegt, sind sicher nicht schädlich, sofern der Hund sie freiwillig ausführt. Man sollte den Hund aber nicht zu irgend etwas zwingen, schon gar nicht, wenn er akute Probleme hat. In jedem Fall sollte man sich bei einem Tierarzt/ Tierphysiotherapeuten Tips holen. Was bei der einen Erkrankung hilft, kann bei der anderen schädlich sein. Es gibt gute Bücher zum Thema, die in sinnvoll sein können, wenn man sich nach den Empfehlungen eines guten Therapeuten richtet. Bestimmte Futterzusätze mit Grünlippmuschel, Brennesseln und anderen Kräutern wirken entzündungshemmend und helfen, den Knorpel aufzubauen. Sie regulieren zwar keinen Gelenkschaden, können aber bei Bedarf Linderung verschaffen. In Absprache mit dem Tierarzt können auch Schmerzmittel gegeben werden.

Daneben gibt es noch weitere Behandlungsmöglichkeiten wie z.B. Akkupunktur oder Goldkügelchenimplantation. Bei der Goldkügelchenimplantation werden kleine Goldkügelchen mit einem Durchmesser von ca. 1 mm unter Narkose unter Röntgenkontrolle an den Akkupunkturpunkten implantiert. Sie bewirken dort eine Art Dauerakkupunktur und regulieren zwar keinen Gelenkschaden, können aber die Schmerzen hemmen oder die Schmerzleitung gänzlich unterbrechen. Der Hund hat zwar einen Gelenkschaden, ist aber weitgehend oder völlig schmerzfrei. Solche Eingriffe können nur von spezialisierten Tierärzten in entsprechend ausgerüsteten Tierarztpraxen oder Tierkliniken durchgeführt werden. Man braucht eine Ausbildung in ganzheitlicher Akkupunktur, Orthopädie und Chirurgie. Akkupunktur wird ebenfalls nicht von jedem Tierarzt angeboten. An speziellen Akkupunkturpunkten werden Nadeln gesetzt und eine Zeitlang dort belassen, um die Schmerzleitung zu hemmen oder zu unterbrechen.

Hunde werden normalerweise im Alter ab 12-24 Monaten auf HD geröntgt. Eine schwere HD ist allerdings schon beim Welpen zu erkennen, da dieser sich nicht normal bewegen kann. Bei Hunden unter einem Jahr ist eine operative Korrektur der Hüfte möglich, bei älteren der Einsatz einer künstlichen Hüfte. Betroffene Hunde sollten unbedingt eine geeignete Physiotherapie bekommen. Zumindest sollte der Tierarzt entsprechende Tips geben können. Weiße Schweizer Schäferhunde aus guter Zucht und Aufzucht sind glücklicherweise kaum betroffen.

Ellenbogendysplasie bedeutet eine Fehlstellung der Vorderbeine. Meistens handelt es sich dabei um ein ungleichmäßiges Längenwachstum von Elle und Speiche. Die Erkrankung kann röntgenologisch festgestellt und operativ korrigiert oder eingedämmt werden. Hohes Körperwachstum und Fütterungsfehler (z.B. durchschnittliches Fertigfutter, ungünstiges Calcium-Phosphorverhältnis, zuviel Getreide) begünstigen die Erkrankung. Der Hund entwickelt eine Arthrose (entzündliche, fortschreitende Gelenksveränderungen), Bewegungseinschränkungen und Schmerzen. In der Regel lahmt der Hund auf dem betroffenen Vorderbein, die ED kann auch beide Gelenke betreffen. Die Erkrankung kann röntgenologisch festgestellt und operativ korrigiert oder eingedämmt werden. Physiotherapie kann helfen. Futterzusätze mit viel Grünlippmuschel, vernünftige BARF-Mahlzeiten, der Verzicht auf Getreide und eine angemessene Bewegung helfen ebenfalls. Belastete Hunde sollten nicht in die Zucht. Ein belasteter Hund kann immer noch ein guter Familien- und Begleithund sein. Er braucht auch Bewegung und Beschäftigung. Aber in Maßen. Extremsport kann die Erkrankung weiter verschlimmern.

Magendrehungen treten bevorzugt auf, wenn sich der Hund nach dem Fressen übermäßigt sportlich betätigt, aufregt oder herumtobt. Auch Deckakte sollten in dieser Zeit nicht stattfinden. Der Magen dreht sich und die blutführenden Gefäße werden abgequetscht. Der Hund speichelt stark, ist aufgeregt und versucht vergeblich, zu erbrechen. Der Vorderbauch bläht sich durch die entstehenden Gase stark auf. Der Hund muss unbedingt sofort zum Tierarzt, nur durch eine rechtzeitige Operation kann der Hund eventuell gerettet werden! Größere Hunde sind häufiger betroffen als kleinere, Hunde mit länglichem Brustkorb häufiger als welche mit kürzerem. Hunde mit schwachem Bindegewebe haben ein höheres Risiko, eine Magendrehung zu bekommen als solche mit stärkerem Bindegewebe. Hunde, die schon einmal eine Magendrehung überlebt haben, sind oft anfälliger für eine erneute Magendrehung. Als Vorsorgemaßnahme reicht es aber meistens aus, dem „vollgefressenen" Hund Ruhe zu gönnen. Ein Hund sollte auch nicht herumtoben, wenn er viel Wasser getrunken hat. Mit durchschnittlichem Getreideabfall gefütterte Hunde haben ein höheres Risiko, an Magendrehungen zu erkranken, wahrscheinlich weil das Getreide „gärt". Aber man sollte auch einen gebarften oder mit einem der wenigen vernünftigen Fertigfutter ernährten Hund nach dem Fressen nicht übermäßig herumtoben lassen.

Die **Parvovirose** ist eine Infektionskrankheit und betrifft vornehmlich Welpen. Die Erkrankung wird auch Katzenseuche genannt, ist aber nicht identisch mit dieser und eine Übertragung Hund – Katze ist nicht möglich. Der sicherste Schutz ist eine ausreichende Impfung. Ein typisches Symptom ist starker bis wässriger, bisweilen blutiger Durchfall. Die Krankheit ist ansteckend und kann tödlich enden. Der Hund muss mit ausreichend Flüssigkeit versorgt werden, eventuell auch durch Infusion. Behandlung durch den Tierarzt. Bei Welpen kann die Erkrankung schnell zum Tod führen. Nachimpfung regelmäßig.

Staupe ist ebenfalls eine schwerwiegende Infektionskrankheit, die zum Tod führen kann. Sie tritt hauptsächlich bei Jungtieren auf, kann aber auch ältere, nicht ausreichend geimpfte Hunde befallen. Symptome: Fieberschübe, Husten, Nasen- und Augenausfluss. Ein infizierter Hund muss nicht unbedingt Symptome zeigen, kann aber andere Hunde anstecken. Auch ältere Hunde erkranken manchmal. Nachimpfung regelmäßig.

Hepatitis ist eine durch Viren übertragene entzündliche Erkrankung der Leber. Ungeimpfte ältere Hunde stellen eine ständige Infektionsquelle für Jungtiere dar, da die Erreger sich auch in Textilien usw lange halten. Symptome sind Fieber, Brechdurchfall und Bauchschmerzen. Bei Welpen kann es zu plötzlichen Todesfällen kommen. Folgeschäden sind Augenerkrankungen, Erblindungen und Schäden des Zentralnervensystems. Nachimpfung regelmäßig.

Leptospirose ist eine bakterielle Infektionskrankheit. Die Erkrankung ist es relativ selten und kann auch beim Menschen zu Erkrankungen führen. Träger der Erreger sind oft wilde Ratten und Mäuse, die diese über ihren Harn ausscheiden. Die Erreger können sich also fast überall befinden. Symptome sind Schwäche der Hinterhand, Fieber, Appetitlosigkeit, vermehrter Durst. Später kommen Magen-Darmerkrankungen und Nierenentzündungen dazu. Nachimpfung regelmäßig.

Zwingerhusten kann auch bei artgerecht im Haus gehaltenen Hunden auftreten. Der Name ist also irreführend. Symptome sind Reizhusten, Nasen- und Augenausfluss. Nachimpfung regelmäßig.

Tollwut ist eine gefürchtete Infektionskrankheit. Erkrankte Tiere dürfen nicht behandelt werden. Welpen werden im Alter von 12 Wochen geimpft. Bei früherer Impfung können die Zähne geschädigt werden. Ansonsten werden Hunde alle 12-36 Monate nachgeimpft. Tollwut ist auf alle Vögel und Säugetiere (einschließlich Menschen) übertragbar. Deutschland gilt derzeit (2017) als tollwutfrei. Füchse und mancherorts auch Fledermäuse sind recht häufig betroffen. Mit ei-

nem Biss kann sich ein frei im Wald herumlaufender, nicht geimpfter Hund infizieren. Auch Risse, Schürfwunden ect. sollen die Krankheit übertragen können. Aufgrund des Bundesseuchengesetzes besteht das Recht auf sofortige Tötung eines Tieres, das nur tollwutverdächtig ist. Das gilt z.B. auch für ungeimpfte Tiere, die sich in einem gefährdeten Gebiet aufgehalten haben. Auf Zuchtschauen, in Hundetagesstätten, Tierpensionen, Tierheimen usw sollte auf einen ausreichenden Impfschutz geachtet werden, natürlich auch in Zuchtstätten. Normalerweise werden Nachweise verlangt und unzureichend immunisierte Tiere in HuTas und Hundepensionen nicht aufgenommen bzw in Tierheimen werden die Hunde normalerweise grundsätzlich grundimmunisiert. Die Tollwut befällt das zentrale Nervensystem. Die Symptome sind u.a. Raserei, Beißwut, völlig abnormes Verhalten, starkes Speicheln und schließlich Lähmungen und Krämpfe, die letztlich zum Tod führen.

Welpen werden im Alter von 6-8 Wochen gegen Parvovirose, Staupe, Hepatitis, Leptospirose und Zwingerhusten grundimmunisiert, im Alter von 12 Wochen zusätzlich gegen Tollwut. Es gibt Hundehalter, die es bei der einmaligen Grundimmunisierung bewenden lassen. Ich persönlich bin für regelmäßige Impfungen, aber man sollte sich vom Tierarzt (eventuell auch von einem Tierheilpraktiker) beraten lassen. Ansonsten werden Hunde alle 12-36 Monate nachgeimpft. Impfungen werden im Impfpass eingetragen. Je nach Gebiet, in dem man lebt, und nach Beurteilung des Tierarztes, kann auch noch gegen andere Erkrankungen wie z.B. Borreliose geimpft werden. Will man ins Ausland reisen, wird meistens ein gültiger Impfstatus verlangt, zumindest gegen die Wildtollwut. Impfungen werden im Impfpass eingetragen, den der Tierarzt ausstellt. Natürlich kann ich in diesem Buch nicht auf alle Erkrankungen, die einen Hundeorganismus befallen können, eingehen. Ich verweise auf entsprechende Literatur. Außerdem sollte man den Tierarzt aufsuchen, sollte irgendetwas mit dem Hund nicht stimmen. Die Behandlung des Hundes gehört in die Hand eines Experten, also eines Tierarztes oder bei Bedarf auch eines Tierphysiotherapeuten oder Tierheilpraktikers o.ä.

Der **MDR1-Defekt** kommt leider auch beim Weißen Schweizer Schäferhund vor, zum Glück nicht häufig. Der Gendefekt führt zu einer ungenügenden oder fehlenden Synthese des MDR1-Proteins. Normalerweise werden Fremdstoffe, die durch die Blutgefäße in das Gehirn und andere Organe gelangen, erkannt und wieder abtransportiert. Das MDR1-Protein verhindert also das ungeschützte Eindringen von Fremdstoffen. Bei fehlendem MDR1-Protein kommt es bei vielen Medikamenten, Impfungen, Narkosemitteln usw zu einer schädlichen Überdosierung. Der Hund sollte getestet werden, damit man nicht versehentlich falsche Medikamente gibt. Es sind auch Fälle von erkrankten Hunden bekannt, die während einer Narkose verstorben sind, weil der Defekt nicht bekannt war und sie das Narkosemittel nicht vertragen haben. Der MDR1-Defekt ist erblich und erkrankte Hunde sollten nicht in die Zucht.

Speiseröhrenerweiterung (SE) kann beim Welpen vorhanden sein, aber auch bei erwachsenen Hunden verschwinden, weil sie offenbar „auswächst". Beim Weißen Schweizer Schäferhund wurde sie schon in Einzelfällen nachgewiesen. Meistens ist sie schon beim Welpen zu erkennen, sobald dieser festes Futter aufnimmt. Der erkrankte Welpe nimmt weniger Gewicht als seine Geschwister zu, weil er das Futter immer wieder erbricht. In sehr schweren Fällen müssen solche Hunde eingeschläfert werden. Weniger ausgeprägte Fälle verschwinden beim erwachsenen Hund, weil sich die SE scheinbar „auswächst". Würfe, bei denen Erkrankungen auftraten, sollten komplett geröntgt werden. Die Eltern sollten ebenfalls geröntgt werden. Sind sie befundfrei, sollte man sie in der Zucht belassen, aber dokumentieren, in welchen Würfen SE auftrat und bestimmte Verpaarungen vermeiden. Die Vererbung scheint sehr komplex zu sein, und ganz schlimme Fälle verhungern entweder schon im Welpenalter oder werden eingeschläfert.

Myopathien sind Muskelerkrankungen. Die Hunde zeigen Lahmheiten und Muskelschwächen, bewegen sich langsam und steif. Durch eine Elektromyographie und eine Muskelbiographie kann die Erkrankung bestätigt werden.

Babesiose (Prioplasmose) gehört zu den Erkrankungen beim Hund, die von Parasiten übertragen werden. Sie wird durch verschiedene Zeckenarten übertragen. Ihr schwerer Krankheitsverlauf wird durch den Einzeller Babesia canis verursacht, der die roten Blutkörperchen befällt und zerstört. Die Erkrankung ähnelt der menschlichen Malaria, weshalb sie auch Hundemalaria genannt wird. Die Erkrankung äußert sich in Blutarmut (hämolytische Anämie) und geht mit hohem Fieber, Lethargie, Schwäche und Blut im Harn einher. Außerdem können Gelbsucht, Kollaps und multiples Organversagen folgen.

Ehrlichiose ist eine bakterielle, durch Braune Hundezecken übertragene Erkrankung. Der häufigste Erreger, Ehrlichia canis, ist im Gegensatz zu anderen Ehrlichia-Arten nicht für Menschen gefährlich. Der Krankheitsverlauf ist schleichend und kann sich unbehandelt über Jahre hinweg zu einer lebensgefährlichen, chronischen Ehrlichiose entwickeln. Hierbei kann das Knochenmark irreversibel geschädigt werden. Die Symptome sind sporadisches Fieber, Erkrankungen der Lymphknoten, Gewichtsverlust und schwere Augenerkrankungen.

Audiometrietets wurden vom BVWS eingeführt, weil in Einzelfällen halb- und manchmal auch beidseitige Taubheit in der Zucht auftraten. Glücklicherweise blieb es bei den Einzelfällen der ein- oder beidseitigen Taubheit. Selbstverständlich sollten Hunde mit Gehörfehlern nicht in die Zucht. Die Untersuchung ist in der Schweiz meines Wissens ebenfalls Pflicht. Unter leichter Narkose wird mittels elektrischer Impulse das Gehör des Hundes getestet. Nur einwandfrei hörende Hunde sollten in die Zucht.

Erziehungsgrundlagen

Weiße Schweizer Schäferhunde müssen früh und sorgfältig auf Menschen, Hunde, andere Tiere und ihre Umwelt **sozialisiert** werden. Man muss den Schäferhund konsequent, aber liebevoll und gerecht behandeln. Weiße Schweizer Schäferhunde sind gute Familienhunde, wenn man in der Lage ist, sie artgerecht zu halten, zu erziehen und zu führen. Sie blühen in der Familie richtig auf, sind aber genauso mit einem Leben bei einem Paar oder Single zufrieden, sofern ihre Bedürfnisse nicht zu kurz kommen (schließlich kann man die Aufgaben in einer Familie verteilen!). Weiße Schweizer Schäferhunde können auch das Alleinebleiben lernen, denn schließlich muss man ja auch irgendwann einmal zur Arbeit, um seinen Lebensunterhalt und den des Hundes zu finanzieren. Der Schäferhund muss gut erzogen und ausgelastet werden, dann funktioniert das meistens auch. Wenn es nicht klappt, sollte man sich – am besten schon bevor der Hund ins Haus kommt – nach einer guten Hundetagesstätte oder einem privaten Hundesitter umsehen, bei dem man seinen Hund täglich einige Stunden unterbringen kann. In einigen Fällen kann man seinen Hund auch täglich mit zur Arbeit nehmen, aber das hängt natürlich von den Vorgesetzten, den Kollegen und nicht zuletzt von der Art der Arbeit ab (wenn man z.B. als Verkäufer im Lebensmittelhandel arbeitet, wird man den Hund kaum zur Arbeit mitnehmen können, während das aber beispielsweise in einem Büro oder auch einem Buchhandel durchaus möglich wäre, sofern der Hund nicht dauernd den Kunden vor den Füßen herumläuft). Leider wachsen gute HuTas nicht auf Bäumen, und günstig sind sie obendrein auch nicht. Zudem haben manche Menschen unverständlicherweise Vorurteile gegen HuTas. Meiner Meinung nach ist es für die Grunderziehung nicht notwendig, eine **Hundeschule** zu besuchen. Der Hund wird ohnehin zu Hause und auf den Spaziergängen erzogen, nicht auf dem Hundeplatz. Der Weiße gilt als leichterziehbar. Dennoch kann der regelmäßige Besuch einer guten Hundeschule sinnvoll sein. Man sollte dabei aber einiges beachten. Denn neben Hundeschulen, in denen wirklich gute Arbeit geleistet wird, gibt es auch solche, die nur mit hartem Drill und Quälerei arbeiten. Geschrei, Schläge und Elektroschocks erziehen keinen Hund. Vielmehr sind sie Tierquälerei und verbiegen einen Hund für alle Zeit. Ein solcher Hund wird nicht selten eine tickende Zeitbombe. Gerade der sensible Weiße Schweizer Schäferhund erträgt eine solche Behandlung schlecht. Ein guter Trainer sollte ruhig und konsequent mit seinem eigenen Hund umgehen. Kein Hund wird zu etwas gezwungen. Braucht ein Hund Zeit, wird ihm diese gegeben. Auch Stachelhalsbänder haben nichts in der Hundeerziehung verloren. Der Trainer sollte viel theoretisches Wissen vermitteln. Fehler der Mensch-Hund-Teams sollten angesprochen und korrigiert werden, aber nicht so, dass man sich vorgeführt oder verdummt vorkommt. Ein guter Trainer sollte den Hundehalter auch bezüglich weiterführender Prüfungen und Hundesport beraten können. Der Trainer sollte auf jede Frage der Teilnehmer sachkundig antworten können oder sich zumindest informieren, wenn es sich nicht um ganz alltägliche Probleme und Fragen handelt. Er sollte eventuell auch gute Fachliteratur empfehlen können. Einige Hundeplätze haben auch Videoanalysen eingeführt. Nach dem Training werden diese gemeinsam mit den Teilnehmern ausgewertet. Man bekommt dann ggfs. Tips, was man besser machen könnte. Der Trainer sollte auch eingreifen, wenn ein Hund von anderen Hunden zu sehr gepiesackt wird und sich nicht alleine helfen kann. Auch sollte der Trainer eingreifen, falls ein Teilnehmer seinen Hund misshandelt – selbst auf die Gefahr hin, dass dieser dann den Hundeplatz verlässt. Außerdem sollten in der Hundeschule keine Vorurteile gegenüber bestimmten Rassen herrschen. Sollte man so etwas mitbekommen – ob es sich nun gegen Weiße Schweizer Schäferhunde richtet oder nicht – wäre dies in meinen Augen ein Grund, den Platz zu verlassen. Man sollte auch nicht seinen Hund aus der Hand geben – es sei denn kurz zu Vorführungszwecken. Gute Hundeschulen bieten neben Grunderziehungstips und -kursen auch Ausflüge in z.B. nahegelegene Baumärkte an (wichtig für die Sozialisierung), Welpen-, Junghund- und „Erwachsenenhundkurse", den einen oder anderen Hundesport (Fährte, Agility o.ä.), und der Trainer sollte auch viel theoretisches Wissen vermitteln. Meistens wird dies gleichzeitig mit dem praktischen Training geschehen. Einige Hundeschulen bieten auch „Schnupperstunden" an. Diese sind wichtig, um herauszufinden, ob der Platz der richtige ist. Man sollte mit seinem Weißen Schweizer Schäferhund keinen Platz besuchen, auf dem man sich nicht wohlfühlt. Natürlich ist für die Teilnahme an Prüfungen und Kursen eine gewisse Gebühr zu entrichten. Eine „Schnupperstunde" wird häufig kostenlos oder vergünstigt angeboten. Der Trainer sollte auch auf die verschiedenen Bedürfnisse unterschiedlicher Rassen Rücksicht nehmen. Und gerade Weiße Schweizer Schäferhunde sind oft recht sensibel und vertragen keinen Drill (wie zahlreiche andere Hunderassen übrigens auch nicht). Wer sich auf dem einen Hundeplatz nicht wohlfühlt, der sollte sich einen anderen Platz suchen. Auch wenn ein Trainer der Meinung ist, man müsse den Schäferhund (oder auch einen anderen teilnehmenden Hund) mit Starkzwang dazu bringen, Dinge zu tun, die ihm missfallen, der sollte schleunigst den Platz verlassen. Und den Betreiber des Hundeplatzes eventuell wegen Tierquälerei anzeigen. Man kann auch Mitarbeiter von Tierheimen oder Veterinär- oder

Ordnungsämtern bitten, einmal nach besagtem Platz zu schauen, falls man unsicher ist, was man tun soll, sollte man den Eindruck haben, dass hier Hunde misshandelt werden oder es anderweitig nicht mit rechten Dingen zugeht. Experten entscheiden dann alles weitere. Außerdem sollte man nicht glauben, dass es reicht, mit dem Hund 1-2 wöchentlich auf den Platz zu gehen, und dann sei er perfekt erzogen. Die Erziehung findet zu Hause und unterwegs statt – überall da, wo man sich mit dem Hund aufhält. Die Hundeschule ist ein Ort, an dem man sich mit Gleichgesinnten austauschen kann, an dem der Hund Kontakte zu anderen Hunden hat, wo man sich Anregungen und Tips von – hoffentlich – Experten holen kann, und eventuell kann man auch Beschäftigungstips erhalten, mit seinem Hund sportliche Aktivitäten ausüben und je nach Hundeschule auch Prüfungen ablegen. Für die Grunderziehung ist sie sinnvoll, jedoch nicht notwendig. Das sollten nur einige allgemeine Anregungen gewesen sein.

Der Weiße Schweizer Schäferhund muss einige Grundlagen lernen. Wichtig sind eine gute Prägung bzw Sozialisierung, die bereits beim Züchter beginnt. Außerdem muss der Welpe Vertrauen zu seinen Menschen aufbauen. Er muss Verbote und Gebote akzeptieren und seinen Platz in der Familie kennen. Er muss zuverlässig leinenführig sein, sollte sich in seiner Umwelt zurechtfinden, also gut auf Mensch, Tier und sonstige Gegebenheiten sozialisiert sein. Auch einige Signale muss er beherrschen, Sitz, Platz, Steh, Bei Fuß, Nein und Aus sollten das Mindestmaß sein. Man kann für die jeweilige Tätigkeit auch ein anderes Wort wählen.

Sitz – Sofortiges Hinsetzen

Platz – Sofortiges Hinlegen

Steh – Regungsloses Stehenbleiben

Bei Fuß – Laufen in der Gangart des Hundeführers an der rechten und linken Beinseite (Leinenführig – angeleint, Freifolge – unangeleint)

Aus – Sofortiges Loslassen/ Fallenlassen eines Gegenstandes

Nein - Abbruch der eben begonnenen Aktion

Ich kann an dieser Stelle nicht das Training aller Signale erläutern und empfehle Literatur. Ein Hund wird nicht auf einem Hundeplatz oder in einer Hundeschule erzogen. Die Erziehung findet zu Hause, auf dem Spaziergang und wo man sonst noch mit dem Hund unterwegs ist, statt. Dennoch kann eine gute Hundeschule eine gute Unterstützung oder Anregung sein. Der Hund kann mit anderen Hunden spielen. Der Hundehalter kann sich mit anderen austauschen und sich Anregungen und Tips holen. Eventuell kann man hier Hundesport betreiben und/ oder sportliche Prüfungen ablegen. Hundeschulen, Hundesportvereine und auch einige Rassehundezuchtvereine haben entsprechende Hundeplätze.

Grundsätzlich unterscheidet man grob zwei Erziehungsmethoden:

Erziehung durch Motivation: Der Hund lernt zu gehorchen bzw bestimmte, erwünschte Verhaltensweisen zu zeigen, indem er dafür positiv bestätigt wird. Beispiel: der Hund bekommt das Signal „Sitz" und setzt sich. Im selben Moment bekommt er jede Menge Lob und ein Leckerli. Manche Hunde freuen sich auch über ein Spielzeug oder ein Kraulen. Der Hund wird das erwünschte Verhalten öfter zeigen, weil es sich für ihn lohnt. Es gibt auch selbstbelohnendes Verhalten. Z.B. das Jagen. Schon das Jagen an sich bereitet dem Hund Freude, egal ob er das Tier erwischt oder nicht (obwohl dies das Verhalten verstärken würde). Selbstbelohnendes Verhalten, das unerwünscht ist, sollte deshalb möglichst unterbunden werden, da man kaum Korrekturmöglichkeiten hat. Man kann einen Hund nicht später tadeln, wenn er vor einigen Minuten etwas falsch gemacht hat. Ein Hund verknüpft die Reaktion seines Menschen immer mit seiner gegenwärtigen bzw zuletzt ausgeführten Tätigkeit. Wenn der Hund nun ungehorsam ist, z.B. eine Katze jagt (was er natürlich nicht darf) und kommt danach zu seinem Menschen, egal ob auf Aufforderung oder von alleine, dann darf er nicht getadelt werden. Er würde den Tadel mit dem Zurückkommen verbinden, nicht mit der unerwünschten Tätigkeit. Die richtige Reaktion wäre Loben, wer das nicht schafft, weil die Nerven blank liegen, sollte gar nicht reagieren, aber auf keinen Fall strafen oder tadeln! Erziehung sollte möglichst durch Motivation stattfinden. In manchen Situationen ist es aber nicht zu vermeiden, dass der Hund auch durch unangenehme Verknüpfungen lernt. Es sollte nur möglichst eindeutig sein und der Hund nichts falsch verknüpfen.

Erziehung durch unangenehme Verknüpfungen: Hierbei lernt der Hund, unangenehme Empfindungen mit unerwünschtem Verhalten zu verknüpfen. Möglichst sollte sich der Mensch dabei nicht in unmittelbarer Nähe befinden (soweit dies möglich ist). Beispiel: der Hund räumt den Mülleimer aus. Der Mensch möchte das nicht. Also gibt man einige gespannte Mausefallen zwischen den Müll. Wühlt der Hund nun im Müll, schnappen die Fallen zu. Der Hund verletzt sich dabei nicht, aber das Zuschnappen ist unangenehm. Der Mensch sollte sich nicht in der Nähe befinden, denn ein Hund kann Gegebenheiten mit dem Ort des Geschehens, aber auch mit den Personen, die sich in der Nähe befinden, mit bestimmten Geräuschen oder anderen Sachen verbinden. Der Hund wird den Mülleimer nun in Ruhe lassen (es sei denn, er ist hartnäckig, dann braucht er mehrere solche Verknüpfungen).

Der Hund sollte lernen, ein Alternativverhalten zu zeigen. Er weiß zwar irgendwann, was er nicht tun soll, aber wie soll er denn nun richtig reagieren? Beispiel: Man möchte nicht vom Hund angesprungen werden. Nun kommt der Hund freudig herangelaufen und will springen. Was also tun? Auf keinen Fall sollte man, wie früher oft empfohlen, dem Hund ein Knie in den Leib rammen. Zum einen kann er sich verletzen. Außerdem wollte er nur seinen geliebten Menschen begrüßen. Da ist eine solch grobe Behandlung ein schlechter Dank! Am besten geht man schnell einige Schritte zurück, wenn der Hund Anstalten macht zu springen. Der Hund verletzt sich dabei nicht, er plumpst nur auf den Boden, weil er nichts mehr hat, wo er seine Pfoten drauf stellen kann. Vielleicht setzt er sich von selbst. Wenn nicht, bekommt er das Signal. Sitzt er, sofort ausgiebig bestätigen. Mit der Zeit wird er sich von selbst hinsetzen, wenn er geliebte Menschen sieht. Er lernt, dass es sich für ihn mehr lohnt, sich zu setzen als seine Menschen anzuspringen. Reagiert er richtig, Superleckerli geben und kräftig loben! Alternativverhalten sind auch in vielen anderen Situationen nützlich. Es versteht sich von selbst, dass ein Hund nicht geschlagen, angeschrien, aus- oder eingesperrt, mit einem Elektrohalsband traktiert (verboten!), ihm eine Mahlzeit gestrichen oder er sonstwie misshandelt oder gequält wird! Der Hund sollte verschiedene Signale (Hör- und / oder Sichtzeichen) lernen, die ich hier nicht alle behandeln kann. Allerdings möchte ich kurz auf **Lob und Tadel bzw ein Abbruchsignal** eingehen. Ein Lob sollte kurz und freundlich klingen und mit freundlicher, heller Stimme gegeben werden. Man kann z.B. „Fein" (dann als Abbruchsignal aber bitte nicht „Nein"!), „Gut", „Brav", „Top" oder ein ähnliches Wort wählen. Gleichzeitig mit dem freundlich und positiv gesprochenen Lob bekommt der Hund ein besonderes, kleines Leckerli, das er sehr gerne mag und das schnell gefressen ist, um ihn nicht vom weiteren Geschehen abzulenken. Man kann z.B. ein Käsewürfelchen, ein Stück Trockenfleisch, ein kleines Stück getrockneten Pansen o.ä. wählen. Der Hund soll es sehr mögen, denn er soll es ja als Belohnung bekommen, wenn er etwas richtig gemacht hat und das erwünschte Verhalten auch in Zukunft öfter zeigen. Als Abbruch- oder Korrektursignal kann man z.B. „Nein", „No", „Pfui" o.ä. wählen. Aber wie bringt man dem Hund das Signal „Nein" bei? Das ist nicht schwer. Man nimmt in jede Hand ein besonderes Leckerli. Die eine Hand hält man von Anfang an geschlossen. Die andere Hand hält man genau daneben, aber gleichzeitig dem Hund vor die Nase und präsentiert das Leckerli darauf offen. Wendet sich der Hund nun mit der Nase der offenen Hand zu, kommt das Signal „Nein" und die Hand schließt sich. Sobald sich der Hund der anderen Hand zuwendet, öffnet sich diese und der Hund bekommt das Leckerli. Der Hund soll lernen: „Wenn das Signal ‚Nein' ertönt, versuch's nicht weiter, sondern denk' dir eine andere Strategie aus." Der Hund bekommt das Leckerli, sobald er sich auf das Signal „Nein" von der einen Hand ab- und der anderen Hand zuwendet. Wie viele Wiederholungen der Hund braucht, ist unterschiedlich. Normalerweise brauchen Hunde für jedes Signal mehrere bis viele Wiederholungen. Dann sind die Signale fest im Gedächtnis verankert. Man sollte einfach hin und wieder ein Signal trainieren. Und wenn es wirklich „sitzt", wird es nur noch gelegentlich trainiert, damit es nicht in Vergessenheit gerät. Mit anderen Signalen macht man es genauso. Selbstverständlich soll der Hund die Signale aber befolgen, wenn sie im Alltag, beim Training oder bei Prüfungen verlangt werden.

Man sollte beim Training immer mal für **Abwechslung** sorgen, damit es nicht zu langweilig für Herr & Hund wird. Bei Nasenarbeit kann man auch für Abwechslung sorgen: an verschiedenen Orten trainieren (im Haus, im Garten, auf verschiedenen Spazierwegen...). Der Hund kann an einem Tag eine Futterfährte mit Futterbrocken (getrockneter Pansen, Trockenfleisch, Käse, Wienerscheiben...) ausarbeiten, am nächsten Tag eine Schleppfährte mit Rinderohr, dann wieder eine Tropffährte mit Würstchenwasser (und einer Wurst am Ende), oder man macht zwischendurch mal etwas ganz anderes mit dem Schäferhund. Je nach Situation kann das Radfahren, Reitbegleitung, Schlittenziehen, Agility, Wanderungen mit Packtaschentragen usw sein. Das hängt von den Umständen ab, davon was Mensch und Hund liegt und was man vor Ort realisieren kann. Selbstverständlich muss man nicht alle Sportarten durchprobieren. Man muss etwas finden, das Herr (Frau) & Hund liegt und machbar ist. Es sollte nur für den Hund nicht langweilig werden. Es gibt viele gute Bücher über Ausbildung, Beschäftigung und Hundesport. Wenn man etwas gefunden hat, das passen könnte, sollte man sich spezialisierte Literatur zulegen und dann einiges ausprobieren. Man kann sich auch bei einem Hundesportverein beraten lassen und sich das Training vor Ort ansehen. Am Verhalten des Hundes merkt man schnell, ob er Freunde am Training hat oder ob man irgend etwas ändern sollte.

Sinnvoll sind **Spielgruppen**, die es für Welpen, Junghunde und erwachsene Hunde gibt. Welpenspielgruppen werden meist für Welpen und Junghunde im Alter zwischen 8 und 16 Wochen angeboten. Die Welpen spielen hier hauptsächlich miteinander, was gut für ihre Sozialisierung und Entwicklung ist. Manchmal werden kleinere Ausflüge in nahegelegene Baumärkte ect unternommen, was ebenfalls wichtig für die Sozialisierung ist. Im Wesentlichen geht es aber darum, die Welpen auf andere Welpen zu sozialisieren. Der Welpe lernt, dass es Welpen gibt, die anders aussehen und sich anders benehmen als er. Zurückhaltende Welpen lernen Selbstvertrauen, aufmüpfige lernen, dass auch andere manchmal stärker sind. Auch lernen die Welpen hier andere Menschen kennen. Oftmals gibt es bei Welpenspielgruppen auch Wasserbecken, mit Bällen gefüllte Becken, Flatterbänder u.a., denn Hunde sollen so etwas als normal kennenlernen. Manchmal werden auch kleine Gehorsamsübungen eingebaut, vorrangig sind aber die Sozialisierung und das Spielen mit anderen Welpen. Auch werden Welpen manchmal ganz vorsichtig an verschiedene Hindernisse wie z.B. Slalomstangen, Stege ect herangeführt, aber Welpen sollen natürlich noch keinen Extremsport machen oder wild über den Parcours hechten. Dies könnte dem Bewegungsapparat schaden. Später ist immer noch Zeit dafür. Eventuell werden kleine Sozialisierungsausflüge wie Spaziergänge oder Ausflüge in einen nahegelegenen Baumarkt o.ä. unternommen. Auch für erwachsene Hunde gibt es Spielgruppen. Sie sind praktisch für schlecht sozialisierte Hunde oder solche mit Verhaltensauffälligkeiten, aber auch gut sozialisierten Hunden macht das Spielen mit anderen Hunden meist Spaß. Wer auf den Spaziergängen keine geeigneten Spielpartner trifft, seinen Hund draußen nicht frei herumlaufen lassen kann oder möchte o.ä., wird sich über eine Spielgruppe für den erwachsenen Hund freuen – und der Hund sicherlich auch. Hunde- bzw Welpenspielgruppen werden meistens von Hundetrainern, Hundeschulen, Hundepsychologen, Hundevereinen und manchmal auch von Tierärzten angeboten. In Spielgruppen kann man auch Erziehungstips bekommen, vorrangig ist aber das Spielen. Bei Welpenspielgruppen sind die Welpen 8-16 Wochen alt. Natürlich sollten die Hunde geimpft und gesund sein. Vorteilhaft sind Welpenspielgruppen mit 4-6 Welpen. Weniger Welpen sind unvorteilhaft, weil die Welpen sich ja auf verschiedene Welpen / Hunde und auch verschiedene Rassen einstellen sollen, die ihnen im täglichen Leben überall begegnen werden. Zuviele Welpen ergeben ein unkontrolliertes Gewusel. Außerdem sollten einzelne Welpen nicht von den anderen tyrannisiert werden. Sicher muss ein Welpe lernen, sich durchzusetzen, aber ein Welpe, der ständig von anderen untergebuttert wird, kann sich zu einem Problemfall entwickeln. Zu aufmüpfige Welpen sollten eventuell (zeitweise) in eine Spielgruppe mit erwachsenen Hunden gegeben werden. Hier zeigen ihnen die „Großen" nach Hundeart ihre Grenzen. Man sollte auch genau beobachten, wie der Trainer mit den Hunden umgeht. Der Umgang sollte konsequent, bestimmt, aber freundlich und fair sein. Schreien, Schlagen, grobe Behandlung und ähnliches sind abzulehnen. Nicht selten werden auf diese Art Hunde für alle Zeit verdorben. Der Trainer sollte auch eingreifen, wenn ein Welpe gemobbt wird.

Die **Prägung bzw Sozialisierung** ist wie bei anderen Hunden auch ein wichtiges Thema. Den Grundstein legt der Züchter, der mit den Welpen spricht, sie streichelt und auf den Arm nimmt, um ihnen beizubringen, dass der Mensch ein toller Sozialpartner ist. Die Sozialisierungsphase findet je nach Auslegung zwischen der 8. und 16. Lebenswoche statt, davor befindet sich der Welpe in der Prägephase. Die Welpen sollten in Haus und Garten aufgezogen werden. Im Haus lernen sie Haushaltgeschehen wie Staubsauger, Waschmaschine, Telefon- und Türglockenläuten, Besucher, aber auch die anderen Hunde des Züchters – sofern vorhanden - usw kennen. Alles was der Welpe nicht rechtzeitig kennenlernt, stuft er als Bedrohung ein. Natürlich muss der Besitzer die Sozialisierung fortführen. Der Welpe soll im Auto mitfahren, eventuell auch in Bus und Bahn. Man kann Einkaufszentren mit ihm besuchen, Hunderennen (als Zuschauer), man sollte ihm fahrende Autos zeigen, auf dem Land Rinder, Pferde, Traktoren. Der Züchter sollte damit schon teilweise beginnen. Welpen beginnen ab einem Alter von ca. 10 oder 12 Wochen, ihren Menschen als Leittier zu akzeptieren. Da wäre es gut, wenn der Welpe in diesem Alter schon in sein neues Zuhause umgezogen ist. Auch ein älterer Weiße Schweizer Schäferhund kann sich aber noch an neue Bezugspersonen gewöhnen. Der Welpe muss Menschen jeden Alters und Geschlechts als etwas Positives kennenlernen. Er muss andere Hunde kennen lernen und wenn möglich auch mit ihnen spielen. Allerdings sollte man den Welpen nicht von vornherein auf andere Hunde zu rennen lassen. Zuerst sollte man mit dem anderen Hundehalter abklären, ob dieser auch nichts dagegen hat. Keine Einwände? Prima. Die meisten erwachsenen Hunde reagieren freundlich bis neutral auf Welpen. Aber es gibt auch erwachsene Hunde, die von Welpen genervt sind oder sie nicht leiden können. Es ist nicht schön, wenn ein Welpe von einem erwachsenen Hund angegriffen wird. Es ist auch nicht alltäglich. Aber es kommt durchaus mitunter vor, und der angreifende, erwachsene Hund ist deshalb nicht unbedingt verhaltensgestört! Auch wilde Wölfe und andere Caniden greifen manchmal fremde Welpen an, wenn sie darin eine Konkurrenz für den eigenen Nachwuchs sehen. Es kommt auch vor, dass erwachsene Wölfe fremde Welpen töten. Dies ist keine Verhaltensstörung! Sollte ein Welpe angegriffen werden, muss man dafür sorgen, dass er viele positive, kontrollierte Kontakte zu friedlichen, erwachsenen Hunden hat, wenn möglich auch von der Rasse, deren Angehöriger ihn angegriffen hat. Andernfalls können sich daraus später Verhaltensprobleme wie Meideverhalten, Ängstlichkeit oder Aggression entwickeln. Der Welpe muss außerdem viele Menschen jeden Alters und Geschlechts kennenlernen. Man kann ihn zu Badeseen mitnehmen und ihn vorsichtig mit Wasser vertraut machen. Bei Unbehagen kann man mit gutem Beispiel vorangehen, und natürlich sollte der Welpe anfangs nur in ganz flaches Wasser gehen. Einige Leckerli, das Lieblingsspielzeug ins Wasser geworfen, können Wunder bewirken. Oder der Welpe sieht bei einem befreundeten Hund, dem er vertraut, dass es im Wasser nicht gefährlich ist. Dabei sollte der Welpe zuerst nur in flaches Wasser gehen. Er darf erst den Grund unter den Pfoten verlieren, wenn er vor dem Wasser kein Unbehagen zeigt. Nahezu alle Hunde können schwimmen (sofern sie körperlich dazu in der Lage sind). Viele gehen sehr gerne ins Wasser. Aber manche können mit dem kühlen Nass nicht viel anfangen. Leider gibt es immer wieder Menschen, denen es Spaß macht, Hunde zu ärgern. Ein Welpe, der ins Wasser geworfen wird und sofort den Grund unter den Pfoten verliert, wird das Wasser nicht unbedingt als etwas Schönes ansehen. Seltsamerweise gibt es aber auch Hunde, die in jedes Wasserloch springen, aber wenn das Wasser von oben kommt (Regen!), verschwinden sie unter dem Sofatisch! Oder sie stürzen sich in jeden Tümpel, in jeden See, in jeden Bach, aber wenn Herrchen oder Frauchen der Meinung ist, der Hund müsse mal gebadet werden (natürlich mit Shampoo, weil der Hund sich z.B. mit einem „Wohlgeruch" parfümiert hat), versucht der Hund sich in die nächste Nische zu quetschen! Bloß nicht baden... Was das Schwimmen angeht, darf man den Hund zu nichts zwingen. Das macht alles nur schlimmer. Mit dem Baden aus hygienischen Gründen ist das schon schwieriger.... Man kann mit dem Welpen Einkaufszentren besuchen, im Lift fahren (wenn vorhanden auch in einem gläsernen – aber keine Rolltrepen! Verletzungsgefahr der Pfoten!), ihn ins Restaurant oder Café mitnehmen, eine belebte Einkaufspassage mit ihm besuchen usw. Zwei solcher Ausflüge sollten anfangs in der Woche reichen. Wenn der Hund Unsicherheiten zeigt, zeigt man ihm durch entspanntes Verhalten, dass es dazu keinen Grund gibt. Er darf nicht getadelt oder bemitleidet werden. Das führt zu noch mehr Unsicherheiten. Jede Überwindung vor Unsicherheit wird belohnt, aber nicht zu euphorisch, denn der Welpe soll lernen, dass das alles ganz normal ist. Der Welpe sollte anfangs angeleint sein, besonders an stark befahrenen Straßen oder in der Nähe größerer Menschenmengen. Ist er zu stark gestresst, z.B. in einem Einkaufszentrum, sollte man sich mit ihm in eine ruhige Ecke setzen, von der aus er alles in Ruhe beobachten kann. Wenn er dann nach einiger Zeit von sich aus wieder zum Geschehen drängt, gibt es ein Leckerli als Belohnung. Besondere Leistungen können auch mit einem Superleckerli bestätigt werden, also ein Leckerli, das der Welpe besonders gerne mag, das es aber nur für besondere Leistungen gibt. Aber man sollte im Alltag nicht übertreiben, denn was der Welpe bei der Sozialisierung lernt, soll ja ganz natürlich und alltäglich für ihn werden. Der Weiße Schweizer Schäferhund muss auch frühzeitig und sorgfältig auf Menschen jeden Alters und Geschlechts sozialisiert werden. Zuerst können das hin und wieder Besucher im eigenen Haus sein (die den Hund nicht bedrängen sollten, er sollte selbst entscheiden, wann er wen begrüßt), dann kann man mit dem Hund Freunde besuchen, ihn mit in die Einkaufspassage nehmen, in Bus oder Bahn mit ihm fahren usw. Ist er überfordert, sucht man sich eine ruhige Ecke, von der aus der Welpe/ Junghund alles in Ruhe beobachten kann, bis er von sich aus (angeleint) wieder Kontakt mit dem „Trubel" aufnehmen will. Hin und wieder sollten besondere Leistungen belohnt werden, aber nicht ständig, denn es soll ganz normal für den Hund werden. Fremde Menschen (Besucher usw) können dem jungen Hund auch unter Aufsicht Leckerli geben oder mit ihm spielen, so dass der Junghund sie positiv verbindet. Wer mag, kann Erziehungskurse für Welpen und Junghunde besuchen, die meistens im Alter von 5-6 Monaten abgeschlossen sind. Sie sind sinnvoll, wenn sie von guten Trainern angeboten werden, aber nicht zwangsläufig notwendig, wenn man mit der Erziehung des Welpen / Hundes alleine gut klar kommt. Wichtig ist Konsequenz, viel Lob, und einmal geltende Regeln sollten stets dieselben bleiben. Wie soll der Hund begreifen, dass er als erwachsenes Tier nicht mehr mit ins Bett darf, wenn seine Menschen das noch so niedlich fanden, als er noch ein Welpe war? Wie soll er verstehen, dass er bei einem Familienmitglied vom Tisch gefüttert wird, dass ein anderes ihn tadelt wenn er bettelt? Das Ergebnis könnte ein Misch-Masch sein: der Hund weiß dann genau, wo sich betteln lohnt und wo nicht. Ganz schlimm wird es, wenn ein und der selbe Mensch den Hund erst vom Tisch füttert und ihn dann für das Betteln irgendwann tadelt oder gar bestraft. Und natürlich sollte man viele gute Bücher zum Thema Erziehung, Ausbildung, Hundesport, Verhalten und Beschäftigung lesen. Im Anhang sind eine Reihe empfehlenswerter Bücher genannt, aber im Fachhandel sind noch viel mehr Bücher erhältlich. Bestimmte Beschäftigungen / Ausbildungen sind nur in Zusammenarbeit mit anderen möglich, z.B. Rettungshundearbeit. Anderes wie Nasenarbeit kann man je nach Art der Nasenarbeit auch alleine mit dem Hund betreiben. Eigenfährten, Spielzeug- oder Leckerlisuchen beispielsweise. Mantrailing ect kann man nur in Zusammenarbeit mit anderen ausüben. Auch für die klassische Fährtenarbeit werden Helfer gebraucht.

Vertrauen aufbauen bzw die Bindung aufbauen ist ebenfalls ein sehr wichtiges Thema, auf das ich hier noch kurz eingehen möchte. Ich kann in diesem Buch nicht sämtliche Erziehungsfragen klären. Das würde viel zu weit führen. Ich verweise auf entsprechende Literatur. Dennoch werde ich an dieser Stelle noch ein wenig auf den so wichtigen Vertrauensaufbau eingehen. Damit der Welpe Vertrauen fasst, muss man sich viel mit ihm beschäftigen. Der Welpe muss lernen, dass er sich auf seinen Menschen verlassen kann. Man muss sich viel mit ihm beschäftigen, ihn kraulen, mit ihm spielen. Man sollte ihm zeigen, dass man ihn liebt, aber auch nicht zu sehr verwöhnen und ihm nichts erlauben, was der erwachsene Hund auch nicht tun darf. Bindungsspaziergänge sind wichtig. Man macht mit dem Welpen häufige, kleinere Spaziergänge, die auch der Versäuberung dienen. Der Welpe lernt, sich draußen zu lösen und nicht in der Wohnung. Man sollte den Welpen hin und wieder irgendwo unangeleint absetzen (in einer geeigneten, ruhigen Gegend und nicht unbedingt neben der Hauptverkehrsstraße) und sich dann schnell entfernen. Wie reagiert er? Bleibt er sitzen, bis sein Mensch sich kleinlaut umdreht und ihn anholt? Setzt er sich nach einiger Zeit in Bewegung und folgt seinem Menschen? Oder kommt er sofort hinterher gerannt? Letzteres unbedingt ausgiebig belohnen (auch wenn der Welpe sich erst nach einiger Zeit entschließt, sich zu seinem Menschen zu begeben). Bei ersterem muss man noch an der Bindung arbeiten. Der Welpe soll lernen, dass sein Mensch die wichtigste Person in seinem Leben ist (bzw können das natürlich innerhalb einer Familie auch mehrere Personen sein). Wann immer der Welpe beschließt, sich seinen Menschen zuzuwenden, wird das ausgiebig belohnt. Aber bitte nicht bestrafen, wenn der Welpe erst einmal anderes im Sinn hat, als seinen Menschen zu folgen. Dann muss man versuchen, sich für den Welpen interessant und spannend zu machen. Besondere Leckerchen, ein ganz tolles Spielzeug, ein Quietschtier, ein Schweinsohr…. Irgendwas, das der Welpe ganz toll findet und das er nur bekommt, wenn er sich mit seinem Menschen beschäftigt und bei ihm bleibt oder zumindest immer ganz schnell wieder zu ihm zurück kommt. Der Welpe sollte seinen Menschen natürlich mindestens genauso lieben wie das Motivationsobjekt! Man kann ihn damit locken, besser wäre es aber, wenn der Welpe von selbst zu uns kommt und dann sein Motivationsobjekt als Belohnung bekommt. Zeigt ein Welpe Unsicherheiten vor anderen Personen, Hunden, Autos oder dergleichen und versteckt sich hinter seinem Menschen oder quetscht sich zwischen dessen Füße, sollte man einfach ganz ruhig stehen bleiben und überhaupt nicht reagieren, bis der Welpe sich wieder hervor traut. Tadel ist völlig unangebracht, und Mitleid verstärkt unerwünschtes Verhalten nur. Den Welpen zur Seite schieben und weggehen würde wahrscheinlich in einem Vertrauensbruch gipfeln.

Auch ein erwachsener Hund kann sich noch einem anderen Menschen anschließen. Während der Welpe sich schnell an seinen Menschen bindet, braucht man beim erwachsenen Hund aber eventuell etwas mehr Geduld, da er ja schon ein gefestigtes Wesen hat und über eigene Erfahrungen verfügt. Der Weiße Schweizer Schäferhund baut eine sehr enge Beziehung zu seinen Menschen auf. Er kann auch Freundschaft mit anderen Menschen schließen, aber eventuell braucht er – je nach Veranlagung - etwas länger dafür. Wenn man in den Urlaub fährt, sollte der Hund möglichst dabei sein (oder die Familie muss getrennt Urlaub machen, damit eine vertraute Person den Hund zu Hause versorgen kann). Nur im Ausnahmefall (z.B. weil man zur Kur fährt) sollte man sich nach lieben Menschen umsehen, die den Hund in der Zeit versorgen. Wenn es nicht anders geht, kann man ihn in eine gute (!) Tierpension geben, die man natürlich vorher mit ihm besuchen sollte. Der Hund muss sich dort geboren fühlen. Ähnliches gilt für eine HuTa. Die Gewöhnung an eine **Hundetagestätte (HuTa)**, die durchaus sinnvoll ist, wenn der Hund sonst länger als 5 Stunden alleine bleiben müsste, muss langsam und sorgfältig geschehen. Der Weiße soll sich ja schließlich dort wohlfühlen. Das Verhalten der Hunde untereinander sollte dort funktionieren. Und neben einem großen Grundstück für den Auslauf sollten die Hunde auch mit ins Haus dürfen und dort eine Art eigenen Bereich haben. Zudem sollte man sich anschauen, wie die Betreiber bzw Angestellten mit den Hunden umgehen. Man merkt ja auch am Verhalten des Hundes, ob er (zumindest halbwegs) gerne in die HuTa geht und sich dort einigermaßen wohlfühlt. Eine gute HuTa sollte bereit sein, einen oder mehrere Probetage (natürlich gegen Gebühr) zu vereinbaren. Man muss ja auch sehen, ob der Hund in die Gruppe passt und sich dort wohlfühlt. Für viele Hunde ist die HuTa eine schöne Erfahrung, zumal sie hier nicht alleine sind und Beschäftigung geboten wird. Man sollte sich eine HuTa aber genau ansehen und sich mit den Betreibern bzw Angestellten (sofern vorhanden) austauschen, viele Fragen stellen und sowohl die Hunde als auch das Personal genau beobachten. Vielleicht kann man andere Hundehalter nach ihren Erfahrungen mit der betreffenden HuTa befragen. Wie wird mit den Hunden umgegangen? Stehen Schlafmöglichkeiten und ausreichend Wassernäpfe zur Verfügung? Dürfen die Hunde zwischen Haus und Grundstück frei wählen? Ist alles sauber (wenn auch nicht klinisch rein)? Wo viele Hunde sind, kann es manchmal etwas chaotisch sein, aber es sollte nicht aussehen wie auf einer Müllkippe. Werden mit den Hunden ausreichende Spaziergänge gemacht? Gibt es sonst noch Beschäftigungsmöglichkeiten? Schon Leckerlisuchen ist sinnvoll. Wird auf die Eigenheiten der Hunde eingegangen? Die Betreiber sollten bei der Aufnahme des Hundes darauf achten, wie er sich in der Gruppe verhält und ob die Hunde gut miteinander zurecht kommen. Es sollte auf einen ausreichenden Impfschutz geachtet werden. Viele HuTa-Betreiber nehmen grundsätzlich nur kastrierte Hunde auf. Das mag manchen Hundehalter nicht schmecken, ist aber sinnvoll. Es gibt so keine ungewollten Deckakte, und wenn alle Hunde kastriert sind – und nicht nur ein Teil – dann werden die Kastraten nicht von den Unkastrierten untergebuttert, wie das mitunter sonst der Fall ist. Sind alle Hunde kastriert, kommt es weniger zu Auseinandersetzungen. Eine läufige Hündin kann zudem alles durcheinander bringen. Die HuTa muss natürlich genehmigt und geprüft sein nach § 11 Abs. 1 Nr. 3 Tierschutzgesetz. Die Hunde sollten sich im Haus und draußen auf dem sicher eingezäunten Grundstück frei bewegen dürfen, es sollte keine Zwinger geben! Natürlich ist die Anzahl der Plätze in einer HuTa begrenzt. Leider gibt es gute HuTas nicht überall, aber es werden mehr, da ein großer Bedarf besteht. Viele Hundehalter sind berufstätig, und nicht jeder arbeitet von zu Hause aus oder kann seinen Hund zur Arbeit mitnehmen. Müsste der Hund zudem länger als 5 Stunden alleine bleiben, oder funktioniert das Alleinebleiben überhaupt nicht, dann ist eine Hundetagesstätte eine sehr gute Alternative. Selbstverständlich muss auch für die Unterbringung in der HuTa regelmäßig eine gewisse Gebühr entrichtet werden, die sich auch nach der Zeit richtet, die der Hund wöchentlich in der HuTa verbringt. Einige Anbieter staffeln die Preise, so dass es bei häufigem Unterbringen des Hundes in der HuTa ein wenig günstiger wird. Neben der HuTa gibt es natürlich auch die Möglichkeit, sich einen privaten Hundesitter zu suchen. In jedem Fall muss der

Schäferhund gut auf den Aufenthalt vorbereitet werden. Anfangs besucht man mit ihm die HuTa und zeigt ihm alles. Dann wird am besten eine Probestunde vereinbart, in der man den Hund dort alleine lässt. Funktioniert das, wird die Zeit langsam ausgedehnt. Man sollte es langsam angehen, und den Hund nicht von heute auf morgen den ganzen Tag in der HuTa lassen. Das ist für den Anfang meistens zuviel des Guten. Allerdings gibt es auch Hunde, denen es nichts ausmacht, von heute auf morgen den ganzen Tag in der HuTa zu verbringen, während andere tagelang beleidigt sind, weil sie drei Probestunden in der HuTa verbringen mussten. Es kommt auf das Wesen des Hundes an. Gut eingewöhnt, fühlen sich aber die meisten Hunde in einer vernünftig gewählten HuTa meist sehr wohl.

Der Welpe lernt seinem Menschen zu vertrauen, wenn man sich viel, konsequent und liebevoll mit ihm beschäftigt. Wenn der Welpe lernt, dass er sich auf seinen Menschen verlassen kann, ist das eine gute Grundlage. Der Welpe muss Verbote und Gebote lernen und akzeptieren, und diese müssen stets dieselben bleiben. Wie soll der Welpe verstehen, dass er heute, wo er frisch gebadet ist, auf das Sofa darf, morgen aber, wenn er gerade auf dem Acker herumgetobt oder im Misthaufen gewühlt hat, nicht mehr? Eine einmalige Ausnahme bedeutet nicht selten eine Zulassung für immer! Verbote und Gebote sollten – um die Nerven von Mensch und Hund zu schonen – stets dieselben bleiben. Man sollte sich soviel wie möglich mit dem Welpen bzw auch dem älteren Hund beschäftigen, obwohl er natürlich auch lernen muss, täglich bis zu 5 Stunden alleine zu bleiben (bei längerer Abwesenheit bitte unbedingt nach einer guten Alternative wie einer guten Hundetagesstätte oder einem guten Hundesitter umsehen! Den Welpen anfangs noch nicht ganz so lange alleine lassen!). Man sollte sich viel mit dem Hund jeder Altersstufe beschäftigen. Die Beschäftigung mit seinen Menschen sollte für den Hund ein „auslastendes Highlight" sein. Bei langsamer Gewöhnung, viel Kontakt zu seinen Menschen, guter Erziehung und ausreichend Auslauf und Beschäftigung ist das **Alleinsein** meistens kein Problem. Am besten lässt man den Hund kurzzeitig (anfangs nur einige Minuten, später mit zunehmendem Alter des Hundes und ausreichender Gewöhnung bis zu 5 Stunden) alleine im Zimmer, wenn er gerade vom Spaziergang oder sonstigen Betätigungen müde ist. Man geht kurz aus dem Zimmer und kommt nach einigen Minuten wieder. Winseln und andere unerwünschte Ausbrüche werden ignoriert. Verhält sich der Hund ruhig während man vor der Tür steht, geht man nach einigen Momenten wieder hinein und lobt den Hund kurz, aber nicht zu sehr, denn das Alleinsein soll ganz normal für ihn werden. Ein Büffelhautknochen o.ä. kann dem Hund das Alleinsein versüßen. Auch verschiedene Spielzeuge können hilfreich sein, etwa „Denkspielzeug", bei denen der Hund versuchen muss, Leckerli aus irgendwelchen Röhren, Vertiefungen, Löchern usw herauszubekommen, etwa Futterbälle, die eines oder mehrere kleine Löcher enthalten und mit Futter gefüllt werden können. Der Hund muss den Ball über den Boden rollen, um das Futter zu bekommen. Wenn der Hund müde auf seinem Platz liegt oder an seinem Knochen kaut, und man selbst sitzt ruhig irgendwo und trinkt z.B. eine Tasse Kaffee und liest Zeitung, ist das eine gute Grundlage. Gejaule und sonstiges unerwünschtes Verhalten werden ignoriert, erwünschtes kurz bestätigt, aber nicht so, als ob der der Hund gerade die Welt gerettet hätte, denn das Alleinsein soll ganz normal für ihn sein. Dann zieht man Jacke und Schuhe an, nimmt den Schlüssel und geht vor die Tür. Der muntere Hund wird aufmerksam sein. Steht ein Spaziergang an? Ideal ist es, wenn der Welpe schläft oder gerade mit einem Kauknochen, Spielzeug ect beschäftigt ist. So ist er abgelenkt und verbindet das Alleinsein auch gleich mit etwas positivem, also z.B. dem Kauleckerli. Vor dem Alleinsein sollte man noch einmal mit dem Hund nach draußen, so dass er sich lösen und auspowern kann. Der Hund wird nicht bemitleidet, und man sollte kein großes Szenario – weder bei Weggehen, noch beim Heimkommen – veranstalten. Schließlich ist Alleinsein notwendig, wenn auch für Hunde nicht unbedingt so ganz normal… Vielleicht verschläft der Hund das Alleinsein. Ob man sich vor der Tür positionieren soll, um bei unerwünschtem Verhalten einzugreifen, ist umstritten. Aber Hunde haben so feine Sinne, dass sie sicher bemerken, wenn ihre Menschen sich vor der Tür aufhalten, egal wie leise sie sich verhalten mögen. Man kann sich in einiger Entfernung von der Haus-/ Wohnungstür positionieren und bekommt so unerwünschtes Verhalten mit. Aber der aufgeklärte Hundehalter weiß ja: Hunde haben feine Sinne. Wenn wir den Hund mitbekommen, bekommt er uns – vorausgesetzt, alle seine Sinne funktionieren gut – erst recht mit. Richtig „korrigieren" kann man den Hund in dem Fall sowieso nicht. Man kann nicht ins Haus kommen, was für den Hund positiv ist, und den Hund tadeln, weil er Blödsinn gemacht hat. Er würde den Tadel mit dem Zurückkommen des Menschen verbinden. Man kann nur alles wegräumen, was der Hund ruinieren könnte – bzw den Hund so im Haus unterbringen, dass er nichts anstellen kann. Für eine gute Beschäftigung beim Alleinsein sorgen, wie z.B. ein schöner Kauknochen (echte rohe Knochen lieber unter Aufsicht geben!), eine gute Erziehung und Auslastung sollten helfen. Ausreichende Spaziergänge und Auslastung wie Agility, Nasenarbeit o.ä., ca. 1-3 mal wöchentlich, sollten für eine gute Beschäftigung sorgen. Der Hund ist dann auch nicht mehr so erpicht darauf, Blödsinn zu machen. Er hat weniger Grund dazu. Der Hund soll lernen, sich im Haus ruhig zu verhalten, egal ob er alleine ist oder nicht. Draußen muss er aber auf seine Kosten kommen. Meistens verhält der Weiße im Haus ruhig und klebt seinen Menschen wie ein weißer Schatten am Fuß. Man bemerkt ihn kaum, abgesehen davon, dass er einem laufend hinterherläuft. Draußen dreht er dafür richtig auf und muss natürlich unbedingt auf seine Kosten kommen. Was tun, wenn der Hund im Haus alleine ist und Unsinn macht? In einem alten Buch über den weißen Schäferhund las ich einen kleinen Erfahrungsbericht einer Besitzerin, deren Hund sich mit dem Alleinsein recht schwer tat. Er zerlegte zwar keine Sachen, bellte aber wie verrückt, wenn er alleine war. Die Besitzerin löste das Problem folgendermaßen: der Hund bekam gute Erziehung, ausreichend Bewegung und Beschäftigung. Die Besitzerin ließ sich über einen Versandhandel ein Gerät mit dem Namen „Kläff-Ex" schicken. Sobald der Rüde zu bellen anfing, schaltete sich das Gerät ein und es ertönte über Lautsprecher die Ansage (mit der Stimme seines Frauchens), dass der Hund ruhig zu sein habe. Das hat bei ihm einen großen

Eindruck hinterlassen – Frauchen war nicht da, aber sie konnte ihn trotzdem zurechtweisen! Natürlich kann auch Technik fehlgeleitet werden oder versagen.... Andere Hundehalter behelfen sich folgendermaßen: Kamera installieren, Hund alleine lassen und ab zum Nachbarn, so dass der Hund lernt, dass sein Mensch selbst aus der Ferne noch eingreifen kann, falls er etwas anstellt. Wenn man das Alleinesein in ganz kleine Schritte zerlegt, anfangs nur Minuten, später bis zu fünf Stunden, und für eine gute Erziehung und ausreichend Beschäftigung sorgt, klappt das meistens (sollte der Hund täglich länger als 5 Stunden alleine sein, sollte man sich nach einer Alternative wie einer guten Hundetagesstätte oder einem privaten Hundesitter umsehen). Fehlverhalten wird ignoriert, erwünschtes bestätigt, aber nicht so, als habe der Hund die Welt gerettet. Eine gute Methode ist die **Hundebox.** Sie kann verschlossen werden und ist der Rückzugsort des Hundes. Sie ist auch gut für die Stubenreinheit, weil ein Welpe nicht sein Nest beschmutzen will und sich meldet, wenn er raus muss. Die Box ist keine Strafe. Sie ist der Rückzugsort des Hundes, und der Hund soll sie positiv verknüpfen. Er soll sich darin hinlegen, austrecken, aufrecht stehen und sich darin umdrehen können. Eine Decke, ein Wassernapf und ein Kauleckerli sollten hineinpassen. Der Hund soll die Box als Rückzugsort empfinden, wo er seine Ruhe hat und wo man ihn bei Bedarf auch mal hinschicken kann. Dann wird er gerne darin liegen. Anfangs wird die Box nicht geschlossen. Der Hund soll sich nicht eingesperrt fühlen (am besten schon den Welpen daran gewöhnen und an das Wachstum denken!). Der Hund wird nicht zur Strafe eingesperrt! Die Box ist ein sicherer Rückzugsort, Schlafplatz, und bei Bedarf kann der Hund dort hingeschickt werden, wenn er aus irgendeinem Grund sich einmal nicht frei in der Wohnung bewegen soll. Boxen gibt in verschiedenen Ausführungen und Qualitäten im Handel, auch für das Auto. Der Hund soll freiwillig hineingehen. Erst wenn der Hund von alleine hineingeht und sich dort hinlegt, sollte man hin und wieder für eine kurze Zeit die Tür schließen. Die Box muss positiv besetzt sein! Fühlt der Hund sich in der Box wohl und ist er müde, wird er nachts und auch tagsüber einige Stunden ruhig darin verbringen. Die Box sollte nach vorne ein Gitter haben und ansonsten aus undurchsichtigen Wänden bestehen (andernfalls mit einer Decke verhängen), so dass der Hund keinen Rundumblick hat (das kann zu nervigem Kontrollverhalten, Bellen und Jaulen führen) und sich geborgen fühlt. Das Alleinsein wird schrittweise geübt und immer weiter ausgebaut. Anfangs wenige Minuten, später bis zu fünf Stunden. Wer den Hund tagsüber einige Stunden alleine lassen muss (Berufstätigkeit ect), sollte bedenken, dass der Hund nach so vielen Stunden Alleinsein unbedingt seinen Spaziergang, seine Beschäftigung und seine Kuschelrunden braucht! Auch wenn es draußen stürmt und schneit oder wie aus Kübeln schüttet! Gleich nach dem Heimkommen mit dem Hund rausgehen ist gut. Doch sollte man den Kreis auch hin und wieder unterbrechen und sich erst einige Minuten nicht um den Hund kümmern, sondern vielleicht die Post lesen oder einen Kaffee trinken, sonst wird der Hund den sofortigen Spaziergang irgendwann einfordern. Normalerweise lernen Hunde das Alleinsein recht schnell. Doch müssen sie langsam daran gewöhnt werden, ihre Schmuse- und Kuschelrunden bekommen und für ausreichend Beschäftigung und Bewegung muss immer gesorgt sein. Und daran denken: wenn der Hund alleine bleiben soll, unbedingt langsam daran gewöhnen, für ausreichend Beschäftigung sorgen und nach dem stundenlangen Warten muss ein geeigneter Ausgleich erfolgen! Unterforderte Hunde sind sehr erfinderisch…. Die Betätigungen reichen vom Anknabbern von Möbelstücken über das Ausräumen von Mülleimern, Umgraben des Gartens, Zerlegen von Gegenständen bis hin zu stundenlangen Heulorgien, die nicht nur den Nachbarn bald auf die Nerven gehen werden… Ein unterforderter Hund, der Unsinn macht, tut dies nicht, weil er „böse" ist oder seine Menschen ärgern will. Er weiß nur nicht, was er sonst mit seiner Intelligenz und aufgestauten Energie anfangen soll.

Der Schäferhund muss auch lernen, die eigenen Haustiere zu akzeptieren. Ein Welpe kann recht gut mit Katze, Kaninchen & Co. vertraut gemacht werden. Er muss lernen, die eigenen Haustiere in Ruhe zu lassen. Ggfs. sollte man die anderen Haustiere, wie z.B. Vögel, Kaninchen usw sicher vor dem Hund geschützt unterbringen. Weiße Schweizer Schäferhunde sind kinderlieb, wenn sie aus einer guten Zucht stammen und gut sozialisiert wurden, aber gerade kleine Kinder sind manchmal recht ungeschickt in der Behandlung des Hundes und das kann auch bei einem gutmütigen Tier irgendwann zu Abwehrreaktionen führen. Auf hündische Art könnte das Blessuren geben. Und: was die Kinder der eigenen Familie mit ihm anstellen dürfen, lässt er sich von fremden noch lange nicht gefallen! Man sollte deshalb kleine Kinder nicht längere Zeit unbeaufsichtigt mit dem Weißen Schweizer Schäferhund alleine lassen.

An dieser Stelle noch ein paar allgemeine Infos zum Hundeverhalten. Doch sollte man auch hier weitere Bücher lesen, da ich nur einen kleinen Einblick in das Hundeverhalten geben kann. Auch hier habe ich im Anhang Bücher genannt. Man sollte auch bedenken, dass man Gestik und Mimik immer im Zusammenspiel beobachten sollte, denn z.B. ist Schwanzwedeln nicht gleich Schwanzwedeln…

Spielverhalten: Der Hund fordert durch die Vorderkörpertiefstellung (Vorderkörper auf dem Boden, Hinterteil in der Luft) zum Spiel auf. Dabei kann er winseln, bellen oder knurren. Der Fang ist leicht geöffnet und die obere Lefze leicht hoch gezogen. Die Ohren sind abwechselnd nach vorne und nach hinten gerichtet. Der Partner wird nicht direkt angeschaut. An die Aufforderung kann sich ein Renn-, Beiß-, Zerrspiel ect anschließen. Der Schwanz wedelt aufgeregt hin und her.

Drohverhalten: richtet sich normalerweise gegen Mensch oder Tier. Bedroht der Hund z.B. einen Couchtisch, sollte man den Tierarzt aufsuchen. Möglicherweise ist der Hund schwerkrank… Beim Angriffsdrohen zeigt der Hund Elemente des Imponierens, wie z.B. steifer Gang, gebleckte Zähne. Der Schwanz ist steil in die Luft gestreckt (Achtung: kann auch wedeln! Besonders eine steif durchgestreckte, langsam wedelnde Rute bedeutet nichts Gutes!). Der Hund knurrt. Im Gegensatz zum Wolf enthält das Angriffsdrohen beim Hund oft Bisse. Eigentlich soll der Gegner durch Drohen eingeschüchtert werden, um den Kampf zu verhindern. Das wird durch Bisse hinfällig. Beim Abwehrdrohen zeigt der Unterlegene, dass er zwar bereit zum Rückzug, aber noch in Angriffsbereitschaft ist. Die Ohren sind angelegt. Die Maulwinkel werden bei gebleckten Zähnen nach hinten gezogen. Generell gilt: je weniger Zähne gezeigt werden, je runder und kürzer die Maulwinkel, desto selbstsicherer, angriffsbereiter und aggressiver ist ein Hund. Beim Abwehrdrohen „schwebt" der Hund zwischen Rückzugs- und Angriffsbereitschaft. Alle Droharten können von Knurren, Bellen und Schreien begleitet werden.

Imponieren: hierbei versucht der Hund seine Überlegenheit zu demonstrieren. Er versucht sich groß zu machen und sträubt die Rückenhaare. Die Gelenke werden ganz durchgestreckt. Der Hals wird gereckt, die Rute hoch getragen, die Ohren sind aufgestellt und nach vorne gerichtet. Können sich zwei Hunde nicht entscheiden, wer der Stärkere ist, kann sich aus dem Imponieren eine Rauferei entwickeln. Sowohl unter Rüden als auch unter Hündinnen können sich Kämpfe entwickeln, wobei letztere meistens aggressiver und gefährlicher sind. Und ja, es kommen auch Kämpfe vor, an denen eine Hündin und ein Rüde beteiligt sind, wenn auch seltener. Weitere Imponiergesten sind das Über-die-Schnauze-Beißen und die T-Sequenz, bei der der überlegene Hund sich mit der Breitseite vor den anderen Hund stellt. Weiterhin gehört zum Imponieren das Scharren nach dem Markieren (ein kleines Stückchen neben der Harnmarkierung – oder Kotmarkierung – scharrt der Hund mit den Krallen auf dem Boden. Damit schafft er auch eine weitere optische Markierung. Außerdem haben Hunde Duftdrüsen an den Pfoten und verteilen so weiteren Duft). Auch gegenseitiges Aufreiten kann beim Imponieren gezeigt werden.

Unterwerfung: Man unterscheidet aktive und passive Unterwerfung. Die aktive Unterwerfung, die beim Begrüßen gezeigt wird, ist eine Freundlichkeitsbezeugung eines Rangniedrigen gegenüber einem Ranghöheren. Der Rangniedere sucht Schnauzenkontakt zum Ranghöheren. Der tief gehaltene Schwanz wedelt dabei schnell. Die Maulwinkel werden zurückgezogen, die Ohren zurückgelegt. Auch Menschen gegenüber zeigen Hunde dieses Verhalten und versuchen dabei oft, die Hände zu lecken. Dieses Verhalten stammt aus der Welpenzeit und animiert die Eltern, Futter hervorzuwürgen. Auch das Pföteln stammt aus dieser Zeit und hat seinen Ursprung beim Milchtritt. Welpen „treteln" an den Zitzen der Mutter, um den Milchfluss anzuregen. Hunde pföteln auch, wenn sie Zuneigung oder Futter erbetteln möchten. Eine passive Unterwerfung zeigt der Hund z.B. im Kampf, wenn er seine Unterlegenheit gegenüber dem Überlegenen anerkennt. Er legt sich dabei auf den Rücken und bietet dem Gegner die Kehle dar. Die Ohren werden an den Hinterkopf gelegt, der Schwanz ist zwischen die Hinterläufe geklemmt. Der Blickkontakt zum Gegner wird vermieden. Normalerweise bricht der überlegende Gegner den Kampf dann ab.

Entspannung: Der Schwanz hängt leicht gebogen herab. Die Ohren sind aufgestellt und zeigen nach vorn. Die Läufe sind leicht gewinkelt, der Kopf leicht angehoben.

Unsicherheit: Der Hund ist leicht geduckt, der Blick unruhig. Die Ohren werden nach hinten gedreht, die Rute zwischen die Läufe geklemmt. Die Lefzen werden meistens nach hinten gezogen.

Zur **olfaktorischen (geruchlichen) Verständigung** gehört u.a. das Markieren mit Harn um das Revier abzustecken und das Beriechen von Artgenossen. Hier können Hunde z.B. feststellen, ob das Gegenüber männlich oder weiblich ist, ob es krank oder läufig ist, aggressiv oder freundlich gestimmt ect. Häufig werden Schnauze, Hinterteil und Hals des Gegenübers berochen. Auch Menschen werden beschnüffelt. Hunde können auch Krankheiten erschnüffeln (wie Krebszellen), Blutzuckerschwankungen bei Diabetikern erkennen oder vor epileptischen Anfällen warnen. Im Übrigen können Hunde auch an der Gestik und Mimik des Menschen (sowie an der Stimme) dessen Gemützustand erkennen. Hunde wälzen sich gerne in überriechenden Substanzen, der Grund ist nicht geklärt. Vielleicht gefällt der Geruch dem Hund. Er kann so auch für andere Hunde interessanter werden. Einige Forscher vermuten, dass Hunde/ Wölfe damit ihren Geruch überdecken wollen, bevor sie auf Jagd gehen. Hunde verfügen auch an Duftzellen an den Ballen. Scharren sie nach dem Markieren, gibt das eine zusätzliche optische und geruchliche Markierung. Das **Bellen** variiert von Rasse zu Rasse und kann Verschiedenes bedeuten, z.B. als Warnung eingesetzt werden oder um den Menschen auf irgend etwas aufmerksam zu machen. Hunde **heulen** häufig, wenn sie ein lang andauerndes, unangenehmes Geräusch in den Ohren haben, wie z.B. Kirchenglockenläuten. Ein Hund kann auch zur Begrüßung oder vor Freude heulen. Oder wenn er sich verlassen fühlt. Heulen variiert also je nach Situation stark. **Knurren** kann je nach Situation ein Drohlaut sein, aber auch im Spiel eingesetzt werden. Hunde können auch als Warnung knurren, wenn sie etwas Unbekanntes sehen, riechen oder hören. **Winseln und Jaulen** kann Freude ausdrücken, aber auch wie **Schreien** Unbehagen, Schreck, Schmerz oder Angst bedeuten.

Ausbildung, Hundesport und Beschäftigung

Der Schäferhund braucht viel Auslauf und Beschäftigung. **Radfahren** sollte man erst mit dem körperlich ausgewachsenen Hund im gut gepolsterten Geschirr probieren. Man sollte dabei langsam beginnen (erst nur 1 km, später 10-15 km, wenn der Hund gut trainiert ist eventuell mehr). Der Hund muss gesund sein (Hüften, Herz ect.). Das Training wird langsam begonnen und schließlich gesteigert. Der Hund sollte von der verkehrsabgewandten Seite laufen. Es gibt dehnbare Spezialleinen, die einen plötzlichen Ruck abfangen. Im Fachhandel sind spezielle Konstruktionen erhältlich, an denen die Leine befestigt werden kann, sog. Dog-Biker. Spezialfedern helfen ebenfalls, einen plötzlichen Ruck zu mildern. Der Hund sollte nicht bei Temperaturen über 15 °C am Rad laufen. Zwischendurch sind immer mal Pausen einzulegen und dem Hund Wasser anzubieten. Der Hund bestimmt das Tempo und darf nicht neben (hinter) dem Rad hergezerrt werden! Normalerweise kann ein Schäferhund weit mehr als 20 km neben dem Rad her traben. Auf heißem Asphalt soll der Hund nicht laufen, das könnte seine Pfoten schädigen. Immer nur auf harten Wegen kann die Gelenke zu sehr beanspruchen, deshalb auch immer mal auf weichem Waldboden o.ä. laufen lassen. Schon beim Welpenspaziergang sollte man das Rad hin und wieder nebenher schieben, wenn man vorhat, den Hund später am Rad laufen zu lassen, denn in der Sonne blitzende Speichen können manchem Hund Respekt einflößen. Man sollte die Leine nie um den Lenker schlingen, das kann böse Stürze nach sich ziehen. Angeleintes Laufen neben dem Rad bedeutet gleichmäßiges Laufen, was beim Junghund Hüftprobleme begünstigen kann. Ein freilaufender Hund dagegen kann sein Tempo selbst bestimmen, bleibt hier und da stehen, schnüffelt, buddelt oder markiert. Wer meint, einen unter 12 Monate alten Schäferhund neben dem Rad laufen zu lassen, sollte dies wenn überhaupt nur mit einem gut gehorchenden Hund im Freilauf auf geeigneten Wegen tun. Gleichmäßiges Laufen am Rad, bei dem der Hund sein Tempo nicht selbst bestimmen kann, kann beim Junghund HD und andere Gelenksleiden begünstigen. Ein freilaufender Hund bestimmt dagegen sein Tempo selbst, so dass es sich dann mehr oder weniger um einen etwas flotteren Spaziergang handelt. Der Hund kann aber von selbst anhalten, um sich z.B. zu lösen oder hier und da zu schnüffeln. Selbstverständlich sollte man einen ruhigen, nicht zu festen Weg (z.B. Waldweg) wählen, um die Gelenke des Hundes zu schonen. Beim alten oder kranken Hund muss man die Radtour ebenfalls anpassen. Eventuell muss Radfahren dann vom Plan gestrichen und durch etwas weniger „Sportliches" ersetzt werden. Ein Schäferhund muss nicht neben dem Rad laufen. Wer körperlich dazu nicht in der Lage ist (z.B. wegen Gleichgewichtsproblemen), kann immer noch lange Spaziergänge mit dem Hund machen und natürlich auch weitere artgerechte Anregungen bieten. Nasenarbeit in jeder Form macht nahezu jeder Schäferhund begeistert mit. Außerdem lastet Nasenarbeit extrem aus.

Mantrailing bezeichnet die Suche nach vermissten Personen mit Hilfe von Hunden. Mit Hilfe seines Geruchssinns unterscheidet der Hund verschiedene Gerüche. Benötigt wird dazu ein Geruchsträger, z.B. ein Kleidungsstück, das den Geruch der vermissten Person trägt. Außerdem sind Informationen über den Abgangsort der vermissten Person nötig. Für professionelle Mantrailer-Teams ist eine langwierige und aufwendige Ausbildung notwendig. Polizei und Rettungsdienste setzen Mantrailer ein. Mantrailing ist auch für den Familien- oder Begleithund eine gute Auslastung, doch leisten Mantrailer-Teams im Realeinsatz natür-

lich „mehr", da es hier um echte Menschenleben geht. Gesucht werden mitunter flüchtige Straftäter, häufig aber auch vermisste Kinder, verletzte, kranke, verwirrte oder demente Personen ect. Mantrailer suchen (im Gegensatz zu Fährtenhunden) auch in Gebäuden und auf bebauten Flächen. Mantrailer werden auf Spuren von Fußgängern angesetzt, können aber auch Spuren von Menschen verfolgen, die z.B. in ein Auto gestiegen und weggefahren sind. Trotz vieler Verleitungen, also Kreuzungen der eigentlichen Spur durch andere Menschen, Tiere ect, soll sich der Mantrailer nicht von der richtigen Spur abbringen lassen. Menschen verlieren ständig Hautschuppen, Haare ect., die eine Zeitlang in der Luft schweben und dann zu Boden fallen. Der Geruch eines Menschen ist ebenso individuell wie seine DNS. Die Geruchsmoleküle sind unterschiedlich lange haltbar: Hautzellen ca. 36 Stunden, rote Blutkörperchen 120 Tage. Dies alleine begrenzt schon die Haltbarkeit einer Geruchsspur. Aber auch durch Windverwehungen, durch Vermischung mit anderen Gerüchen, Regen, Schnee, Hitze ect verliert die Spur an Haltbarkeit. Studien belegen Spurenalter von 48 Stunden bis zu 4 Wochen. Obwohl häufig Retriever, Bloodhounds oder andere Schweißhunde als Mantrailer ausgebildet werden, kann auch ein Schäferhund dazu ausgebildet werden. Richtig aufgebaut, ist dies für den Schäferhund eine artgerechte Auslastung. Es gibt auch Hundehalter, die Mantrailing als reine Freizeitbeschäftigung mit ihrem Hund ausüben. Bei reinem Freizeitmantrailing sind leichtere Fehler, die immer passieren können, nicht so schlimm. Stehen Menschenleben auf dem Spiel, kann der Einsatz des Mantrailers aber in manchen Situationen über Leben und Tod entscheiden! Das rechtzeitige Auffinden der vermissten Person ist dann unabdinglich. Und leider gehen Realeinsätze auch bei Profis manchmal nicht gut aus. Das hat nicht unbedingt etwas mit mangelndem Wissen oder Können des Menschen oder Hundes zu tun. Menschliches (oder hündisches) Versagen kann vorkommen. Schwierige Umstände tun ein Übriges. Wird ein Leichenspürhund eingesetzt, weil man davon ausgeht, dass niemand das Unglück überlebt hat, kann das böse Folgen haben, falls es doch Überlebende gibt. Der Leichenspürhund zeigt dann möglicherweise nicht an, weil er nur gelernt hat, Leichen anzuzeigen, aber keine noch lebenden Opfer. Oder die Rettungskräfte sind einfach zu spät am Unglücksort.

Fährtenarbeit ist eine gute Beschäftigung für den Weißen Schweizer Schäferhund. Nasenarbeit – wie eben auch Fährtenarbeit – lastet extrem aus. Obwohl auch bei der Fährtenarbeit eine Spur verfolgt wird, ist sie nicht mit Mantrailing gleich zu setzen. Ein Mantrailer verfolgt eine Menschenspur, der Fährtenhund eine Bodenverletzung. Ein Tier oder ein Mensch, der über eine Wiese, einen Acker o.ä. läuft, zertritt kleine Pflanzenteile, Bakterien o.ä. Dies nennt man Bodenverletzung. Dabei wird ein spezifischer Geruch freigesetzt. Fährtenarbeit wird hauptsächlich als Sport betrieben. Bei der Suche nach vermissten Personen ist sie meistens untauglich. Der Fährtenleger legt eine Spur auf unterschiedlichem Gelände (Wiese, Acker, Straße...). Dabei werden auf der Fährte mehrere kleine Gegenstände aus verschiedenen Materialien (Holz, Leder, Kunststoff) abgelegt. Der Hundeführer führt seinen Hund mit Geschirr oder einem Halsband ohne Zugwirkung und einer 10-m-Leine. Je nach Ausbildungsstand des Hundes ist die Fährte 20 Minuten bis 3 Stunden alt. Es gibt eine Eigenfährte (der Hundeführer legt die Fährte selbst) und eine Fremdfährte, die von einem anderen Menschen gelegt wird und dem Hundeführer ist in diesem Fall in der Regel der genaue Fährtenverlauf nicht bekannt. Das ist wichtig, weil der HF dann nicht unbeabsichtigter Weise seinen Hund beeinflussen kann. Eine Fährte im Hundesport besteht aus mehreren geradlinigen sowie abknickenden / bogenförmigen Abschnitten, den Schenkeln. Außerdem gibt es verschiedene Winkel zwischen diesen. Der Beginn der Fährte heißt Abgang. Meist wird dieser optisch gekennzeichnet. Der Hund soll lernen, auf verschiedenen Untergründen wie Wiese, Asphalt, Ackerboden ect zu arbeiten. Eine Wiese sollte nicht zu hoch stehen, da der Hund schnell lernt, sich (auch) mit den Augen zu orientieren. Zu Beginn der Ausbildung sollte der Hund auf die 20 Minuten alte Fährte geschickt werden, später werden die Intervalle zwischen dem Fährtenlegen und dem Losschicken des Hundes immer größer. Bei der Fährtenhundprüfung 1 und 2 (FH 1 und FH 2) ist die Fährte ca. 3 Stunden alt. Mit den höheren Prüfungsstufen ist die Fährte länger, die Spur älter, beinhaltet mehr Winkel und der Hund muss mehr Gegenstände auffinden und anzeigen, z.B. durch Aufnehmen, Vorsitzen, Vorliegen. Bei den höheren Prüfungen legt ein zweiter Fährtenleger eine Verleitfährte, also eine kreuzende Fährte über die Ursprungsfährte, von der der Hund sich nicht ablenken lassen darf. Der Hund soll gleichmäßig mit tiefer Nase suchen (bei jüngeren Fährten wird oft mit hoher Nase gesucht, weil die Geruchsmoleküle noch zum Großteil in der Luft schweben). Es gibt verschiedene Möglichkeiten, dem Hund das Fährten beizubringen. Am einfachsten (bei Hunden, die sich durch Futter motivieren lass

en) ist es, eine Spur selbst zu legen und in jedes Trittsiegel ein Leckerli zu legen. Die Spur braucht anfangs auch nur einige Meter lang zu sein. Das Leckerli muss sich für den Hund lohnen, z.B. Käse, Trockenfleisch, Trockenfisch.... Sobald der Hund begriffen hat, was er tun soll, wird erstens die Fährte verlängert und zweitens immer weniger Futter verteilt. Dann liegt nur noch in jedem zweiten Trittsiegel ein Futterbröckchen, später in jedem dritten, schließlich nur noch in jedem zwanzigsten. Man kann alternativ auch Tupf- oder Schleppfährten verwenden.

Schnüffelspiele sind ebenfalls eine gute Beschäftigung. Wenn der Hund Spielzeug liebt, kann man Spielzeug verwenden, ansonsten verwendet man Leckerli. Schnüffelspiele kann man verschieden aufbauen. Von einfachem Leckerliverstecken in einem Laubhaufen bis hin zu Futterfährten ist alles möglich. Im Fachhandel gibt es gute Bücher zum Thema. Man kann Leckerli in einen Wasserbehälter geben, aus denen der Hund sie herausfischen muss. Man kann Leckerli oder Spielzeug in Schnee oder unter Laub verstecken. Je nach Beschaffenheit können Leckerli in Zweigen von Sträuchern und Büschen aufgehängt oder an den Ästen aufgespießt werden. Man kann Leckerli in Gläsern oder Kunststoffdosen (mit kleinen Löchern im Deckel) verstecken und zwischen gleichartige Gefäße stellen, die kein Leckerli enthalten. Dann wird der Hund zu den Gläsern geschickt, die in Reihe nebeneinander stehen, mit dem Signal „Such!" o.ä. Anzeige am falschen Glas wird ignoriert. Anzeige am richtigen Glas hat sofort dickes Lob und Herausgabe des Leckerli als Bestätigung zur Folge. Wer mag, kann dabei auch gleich ein „richtiges" Anzeigeverhalten trainieren. Vielleicht zeigt der Hund von sich aus schon den Fund an, wie durch Verbellen, Vorsitzen, Vorliegen oder

Anstupsen mit der Schnauze oder Pfote. Das wird sofort positiv bestätigt: der Hund bekommt das Leckerli aus dem Glas. Je mehr das Verhalten in bestimmten Situationen für den Hund lohnt, desto öfter wird er es zeigen. Wer kein Futter, sondern Spielzeug, Gegenstände ect verwenden möchte, muss diese für den Hund interessant machen. Man kann z.B. eine Weile mit dem Hund spielen und das Spielzeug dann vor den Augen des Hundes verstecken. Hunde sind rot-grün-blind. In einer Wiese können sie also alleine mit den Augen einen roten oder grünen Gegenstand nicht so leicht ausmachen sondern suchen eher mit der Nase, während sie z.B. einen blauen oder weißen Gegenstand besser sehen. Der Hund sollte richtig wild auf den Gegenstand sein, andernfalls wird er ihn wohl kaum gerne suchen. Man kann den Gegenstand auch mit Knochen- oder Fleischbrühe, Würstchenwasser, Lachsöl o.ä. beträufeln und dann an einer Schnur hinter sich herziehen. Das ergibt zwar ein etwas schwächeres Geruchs-bild als eine Futterfährte, aber der Hund kann diese Spur mit seiner feinen Nase immer noch ausarbeiten. Als Motivation dient der Würstchen- oder Lachsölge-ruch. Am Ende der Spur sollte der Hund aber eine geeignete Belohnung finden, etwa einen schönen Leckerbissen oder sein geliebtes Spielzeug, andernfalls ver-liert er schnell die Lust am Training. Man sollte – sofern man Spielzeug verwendet – ein Spielzeug nehmen, das der Hund sehr liebt. Es sollte dann aber nur für die Sucharbeit benutzt werden und ansonsten nicht zur freien Verfügung stehen. Das Spielzeug verliert sonst seinen Reiz. Und der Hund wird sich schwertun, es zu suchen. Es lohnt sich ja schließlich nicht, ein Spielzeug zu suchen, das ansonsten zu jeder Zeit verfügbar ist. Wer Angst hat, seinem Hund mit Futterfährten beizu-bringen, dass er alles frisst, was er am Wegesrand findet (und das kann z.B. auch einmal ein Giftköder sein) oder wem die Futterfährte aus anderen Gründen nicht so recht zusagt, der sollte eine Schlepp-, Tupf- oder Tropffährte legen. Am Ende der Spur liegt dann der Leckerbissen nicht frei herum, sondern er befindet sich in einem Beutel, Täschchen o.ä. Der Hund muss dann solange warten, bis sein Mensch ihm das Futter gibt und kann sich nicht selbst bedienen. Man kann aber auch einfach eine Tupf- oder Tropffährte legen, am Ende der Fährte einen Ge-ruchsträger (Ball ect) deponieren, den man mit dem Geruch (Lachsöl, Würt-schenwasser ect) beträufelt hat, und sobald der Hund den Geruchsträger ge-funden hat, bekommt er entweder diesen als Bestätigung, oder man lässt den Hund den Gegenstand anzeigen und steckt ihn dann in die Tasche. Dann holt man aus der Tasche die kulinarische Belohnung für den Hund. In diesem Fall sollte man aber ein Leckerli nehmen, das der Hund zwar mag, aber das nur schwach riecht. Ob das funktioniert ist allerdings fraglich, da Hunde eine weitaus feinere Nase haben als wir Menschen. Wenn der Hund allerdings begriffen hat, dass er sein Futter erst bekommt, wenn er die Fährte ausgearbeitet hat und sich der Leckerbissen auch für ihn lohnt, kann diese Art der Fährte dennoch funktio-nieren. Man muss eben ausprobieren, was für Herr & Hund passt. Man kann den Futterbrocken auch am Ende der Fährte in einem Behälter deponieren und ihn dann dem Hund geben, wenn er den Behälter zuverlässig angezeigt hat. Der Behälter selbst sollte natürlich für den Hund eher unauffällig sein, z.B. kann man ein Stück Pansen in einer Filmdose verstecken, die man im hohen Gras ablegt.

71

Oder man gibt einen Leckerbissen (Pansen, Käse, Trockenfleisch, Trockenfisch......) in ein kleines Täschchen, wie z.B. praktische Leckerlietäschchen, die
man kaufen kann, aber ein ausrangiertes Schlüsselmäppchen oder Portemon-
naie tut es eventuell auch. Dann platziert man das Täschchen so, dass der Hund
es mit der Nase suchen muss (nicht mit den Augen). Also in hohem Gras, in einer
Spalte, in Laub, in Schnee, in einem Gebüsch, hinter Ecken, in einem zu einer
Mauer aufgeschichteten Holz- oder Ziegelhaufen.... Hunde können andere Gerüche auch noch in millionenfacher Verdünnung wahrnehmen. Wenn man also
einen Tropfen Lachsöl in zwei Liter Wasser gibt und dieses dann tropfenweise auf
der Spur verteilt, kann der Schäferhund die Fährte immer noch ausarbeiten –
vorausgesetzt, er hat verstanden, dass sich das Ausarbeiten für ihn lohnt. Natürlich sollte man dabei stets die Sicherheit des Hundes und seine eigene Sicherheit
im Auge haben (nicht dass der Holzstapel umkippt, in dem man die Leckerli oder
Suchobjekte versteckt hat!), ebenso ist darauf zu achten, dass man nirgendwo
Schaden anrichtet. Man sollte eine Fährte z.B. nicht unbedingt auf einem frisch
gesäten Acker legen. Andererseits ist zu beachten, dass eine Spur auf weiche-
rem Untergrund wie Erde, Sand, Rasen usw haltbarer und einfacher auszuarbeiten ist als eine Spur auf Asphalt o.ä. Regen, Schnee, Hitze usw können die Haltbarkeit der Spur (negativ) beeinflussen, aber auch das Suchverhalten des Hundes. Obwohl Schäferhunde Spuren auch unter schwierigsten Bedingungen ausarbeiten können. Und man sollte immer mal Veränderungen bei den Suchspie-
len einfließen lassen. Man kann unterschiedliche Spielzeuge oder Leckerli nehmen, man kann die Art des Suchspiels variieren oder auch an unterschiedlichen
Orten trainieren. Es sollte für den
Schäferhund nicht langweilig werden, und es muss sich für ihn lohnen.

Es gibt noch viele **weitere Ausbildungen in der Nasenarbeit**, die ich
hier nicht alle behandeln kann. Ich
verweise auf entsprechende Literatur.

Clickertraining kann ich an dieser Stelle nur grob anreißen. Es handelt sich hierbei um eine Art Knackfrosch mit einem typischen Geräusch, das entsteht, wenn man auf den Clicker drückt. Das Clickgeräusch soll für den Hund positiv besetzt sein. Der Clicker hat den Vorteil, dass das Geräusch immer gleich klingt, auch wenn der Hundehalter z.B. gerade schlechte Laune hat. Hunde spüren Stimmungen genau. Ein gereiztes „Gut gemacht" verstehen sie nicht. Warum werden sie gelobt, wenn Herrchen oder Frauchen doch offensichtlich nicht gut drauf ist? Zumal Hunde den Tonfall eher verstehen als den Inhalt der Worte. Der Hund muss natürlich positiv auf den Clicker konditioniert werden. D.h. er muss das Geräusch positiv verbinden. Das geht relativ einfach. Man setzt sich mit seinem Hund in eine ruhige Ecke und bewaffnet sich mit Clicker und Leckerli. Wenn man die Aufmerksamkeit des Hundes hat, clickt man und gibt dem Hund sofort sein Le-

ckerli. Das wiederholt man ca. 10-15 mal. Am nächsten Tag wiederholt man die ganze Prozedur wieder. Die meisten Hunde begreifen schnell, was es mit dem Clicker auf sich hat. Hin und wieder sollten sie dennoch ein Leckerli bekommen, das dem Click auf dem Fuße folgt. Andernfalls „verlernt" der Hund den positiven Touch des Clickers wieder, da auf das Geräusch nichts Positives folgt. Der Clicker soll eine Erwartungshaltung aufrecht erhalten. Wenn der Hund jedoch immer nur den Click als Bestätigung erhält, und dann passiert nichts, was sich für ihn lohnt, d.h. es passiert NIE etwas Lohnendes, kann dies erwünschtes – und unerwünschtes - Verhalten wieder auslöschen. Wer nicht möchte, dass sein Hund am Tisch bettelt, und sein Verhalten komplett ignoriert, also nicht anschaut, nicht anspricht und natürlich auch kein Essen vom Tisch gibt, der löscht das Betteln auch aus, weil der Hund es schnell wieder sein lässt – es lohnt sich schlicht nicht für ihn. Wer es ignoriert, dass sein Hund ihn anschaut, löscht dieses Verhalten meistens auch aus. Dabei reicht es, den Blickkontakt öfter mal zu erwidern. Es ist wichtig, dass der Hund uns anschaut. Er sucht so Kontakt zu uns und ist aufmerksam. Ein Hund, der nicht aufmerksam ist und keinen Kontakt zu uns sucht, hat keine echte Bindung zu uns. Das ist nicht nur im täglichen Leben und bei der Erziehung hinderlich. Wenn wir ein Tier haben, dann möchten wir ja auch eine liebevolle Beziehung zu ihm. Warum sollten wir sonst ein Tier halten? Zum Thema Clicker gibt es verschiedene Bücher.

Zielobjektsuche® ist eine systematische, anspruchsvolle Suche nach bestimmten, vom Menschen ausgelegten kleinen Objekten. Manche davon haben nur die Größe einer Büroklammer, sie können aber auch größer sein. Entwickelt wurde diese Nasenarbeit von dem ehemaligen Polizeihundeführer Thomas Baumann. Zielobjektsuche gibt es auch auf Wettkampfebene mit vier Leistungsklassen. Gearbeitet wird im Training mit kleinen Gegenständen wie Feuerzeugen, Kugelschreibern ect und viel positiver Verstärkung. Alles, was der Hund richtig macht, wird ausgiebig belohnt, Fehler werden ignoriert und das Training entsprechend neu und positiv aufgebaut. Die Hunde lernen hierbei nicht nur das Erschnüffeln des Gegenstandes, sondern sollen das Auffinden auch anzeigen, z.B. durch Abliegen oder Absitzen vor dem gefundenen Gegenstand. Weitere Elemente der ZOS sind u.a. die Trümmerfeldsuche, die Päckchenstraße und die Freiflächenübung. Bei der Trümmerfeldsuche ist ein Gegenstand aus einem Haufen anderer Gegenstände herauszusuchen. Bei der Päckchenstraße stehen viele kleine Eimer nebeneinander, aus denen der Hund den Gegenstand heraussuchen muss. Bei der Freiflächenübung wird ein Gegenstand auf einer 200 qm großen Grasfläche ausgelegt. Der Hundehalter bleibt auf dem Weg in der Mitte stehen, während der Hund sucht und verweist. Rechteinhaber der Bezeichnung Zielobjektsuche® sind Ina und Thomas Baumann.

Rettungshunde werden in unterschiedlichen Bereichen eingesetzt. Neben dem Mantrailing werden Hunde als Lawinensuchhunde, Rettungshunde in der Flächen- und Trümmersuche und als Wassersuchhunde eingesetzt. Bei der Lawinensuche wird unter Schnee gesucht, Hunde erschnüffeln auch Personen unter Wasser sowie Ertrunkene. Außerdem suchen Hunde auch Leichen. Im engeren Sinne sind dies keine Rettungshunde, weil sie zu spät kommen (um zu retten). Rettungshunde arbeiten immer mit ihren Hundeführern eng zusammen, bisweilen auch mit weiteren Personen. Auch der Hundeführer muss eine entsprechende Qualifikation aufweisen, z.B. eine Ausbildung als Notarzt oder Sanitätsdiensthelfer nachweisen. Desweiteren muss man umfangreiche Kenntnisse in Ortskunde, Kartenlesen, Umgang mit Kompass ect nachweisen können. Mehrere zusammen arbeitende Mensch-Hund-Teams bezeichnet man als Rettungshundestaffel. Hunde müssen z.B. auch an das Abseilen, Mitfliegen im Hubschrauber ect gewöhnt werden. Sie müssen über verschiedene Untergründe sicher gehen, wie z.B. Geröll, Stein, Glas, Sand, Erde, Wasser, sich bewegende Untergründe, Trümmer usw. Hund und HF müssen physisch und psychisch gesund sein.

Der HF muss die Rettungshundearbeit mit seinen privaten Belangen und der Arbeit unter einen Hut bringen können. Welcher Arbeitgeber ist begeistert, wenn sein Mitarbeiter während des Bereitschaftsdienstes von der Arbeit zum Einsatz eilt? Was sagt die Familie dazu? Ansprechpartner, bei denen man oft auch ein „Schnuppertraining" absolvieren kann (um herauszufinden, ob dies die geeignete Tätigkeit ist, denn der Rettungshundedienst verlangt physische und psychische Höchstleistungen von Hund & Halter!), sind verschiedene Rettungshundestaffeln, Deutsches Rotes Kreuz, Feuerwehr, Technisches Hilfswerk, ASB, Bergwachten, Johanniter, Bundesverband Rettungshunde e.V., Bundesverband zertifizierter Rettungshundestaffeln e.V., Deutscher Rettungshundeverein e.V., Österreichische Rettungshundebrigade, Österreichische Suchhundestaffel, Rettungshunde Niederösterreich u.a. Auch einige Feuerwehren und Bergwachten verfügen über Rettungshunde. Rettungshundearbeit ist zwar eine gute „Beschäftigung" für den Hund, aber kein Sport, es geht hier um Menschenleben! Auch muss man bedenken, dass Realeinsätze nicht immer glücklich ausgehen, diesem Druck muss der Rettungshundeführer gewachsen sein. Es kommt auch vor, dass Rettungshundeteams gar nicht oder nur selten an Realeinsätzen teilnehmen, sondern ihr Können hauptsächlich auf Veranstaltungen unter Beweis stellen. Regelmäßiges Training, z.B. im künstlich geschaffenen Lawinen- oder Trümmerfeld, sollte selbstverständlich sein. Die Teams werden von Zeit zu Zeit überprüft, um festzustellen, ob sie körperlich und mental noch immer geeignet sind.

Agility ähnelt dem Springsport bei Pferden. Der Hund muss unangeleint neben seinem Hundeführer einen Hindernisparcours meistern. Es versteht sich von selbst, der Hund ausgewachsen und gesund sein muss, um gesundheitliche Schäden (z.B. am Bewegungsapparat) zu vermeiden. Der Hund muss Hürden überspringen, durch Ringe springen, Slaloms laufen, durch Tunnel kriechen und über Stege balancieren. Fehlstarts, Abwerfen von Stangen, Verweigerungen gelten als Fehler. Man kann Agility als reine Beschäftigung ausführen, die den Hund extrem fordert. Agility wird aber auch auf Wettkampfebene betrieben. Es gibt Turniere, die sehr beliebt sind. Will man an Wettkämpfen teilnehmen, werden oft eine bestandene Begleithundeprüfung sowie eine Ahnentafel und natürlich ein gültiger Impfpass verlangt. Hundeschulen, Rassehundezucht- und Hundesportvereine bieten teilweise entsprechendes Training an. Man kann auch im Fachhandel Agility-Geräte kaufen, die man zusammenstecken und wieder auseinander bauen kann. Man kann sie z.B. im Garten aufstellen. Aber auch die Natur bietet gute Gelegenheiten für ähnliches Training. Umgestürzte Baumstämme bieten sich zum Überspringen oder Darüberbalancieren an. Mehrere lange Äste und Zweige in Reihe nebeneinander auf den Boden gelegt eignen sich, um den Hund darüber zu führen. Der Hund soll in jede Lücke je eine Pfote setzen. Das fördert auch die Koordination und das Gleichgewicht des Hundes. Wo es möglich ist, kann man Äste hochkant in den Boden stecken und hat so Slalomstangen für den Hund. Weicher Wald- oder Sandboden eignet sich dazu. Man sollte natürlich Acht geben, dass man nirgendwo Schaden anrichtet oder die Gegend verschandelt. Heu- und Strohballen, die im Spätsommer auf vielen Feldern liegen, sind ebenfalls für sportliche Betätigungen geeignet. Sitzbänke eignen sich ebenfalls z.T. für Sprung- und Abliege- bzw Bleibübungen. Man kann Hoola-Hoop-Reifen zwischen zwei Bäumen oder Sträuchern aufhängen, damit der Hund hindurch springen kann. Man kann auch Äste, Zweige oder Stangen (z.B. ausrangierte Besenstiele) auf den Boden legen, sodass der Hund vorsichtig darüber balancieren muss. Oder man legt eine oder zwei solcher Stangen auf zwei Hocker oder Stühle, sodass der Hund ein Sprunghindernis hat. Agility-Training wird von einigen Hundeschulen, Hundesportvereinen, auf einigen Hundeplätzen von Rassehundezuchtvereinen sowie von spezialisierten Agility-Vereinigungen angeboten. Einige von ihnen richten auch Turniere und Meisterschaften aus. Bei Meisterschaften und Turnieren wird normalerweise eine Ahnentafel des Hundes sowie ein ausreichend nachweisbarer Impfstatus (gültigen Impfpass vorlegen) verlangt. Das gilt normalerweise für alle Prüfungen bzw Teilnahme an sportlichen Turnieren. Meist wird auch über die Chipnummer überprüft, ob es sich beim Teilnehmer/ Prüfling um den gemeldeten Hund handelt. Auch dies ist in der Regel bei allen sportlichen Turnieren und Prüfungen der Fall.

Es ist in jedem Fall zu beachten, dass sowohl Herr als auch Hund für die jeweilige Tätigkeit physisch und psychisch geeignet sein muss. Und es muss beiden Spaß machen! Extremsport ist nur etwas für gesunde Hunde. Sport in leichterer Form kann auch ein kranker Hund betreiben, doch ist hier Vorsicht geboten und der Tierarzt und eventuell ein Tierphysiotherapeut sollten ein Auge darauf haben. HD, ED, Herzprobleme, schwere Arthrose, schweres Rheuma und noch so einige andere Krankheiten schließen Extremsport aus! Aber auch solche Hunde brauchen artgerechte Auslastung. Entsprechend angepasste Spaziergänge und Nasenarbeit zum Beispiel.

Die **Gebrauchshundprüfung** (GHP) wurde früher Schutzhundprüfung (SchH) und später Vielseitigkeitsprüfung für Gebrauchshunde (VPG) genannt. Es handelt sich hierbei um reinen Sport, mit dem Schutz eines Menschen hat die Prüfung nichts zu tun. Weiße Schweizer Schäferhunde machen die Elemente Fährtenarbeit und Unterordnung begeistert mit, besonders Nasenarbeit lieben sie. Den Schutzdienst, die sog. Mannarbeit, machen sie ebenfalls gerne mit, aber meistens fehlt ihnen die nötige Härte. Schutzdienst ist nichts für jeden Hundehalter und auch nichts für jeden Hund. Man sollte mehrere Bücher zum Thema lesen, sich das Training bei einem Rassehundezucht- oder Hundesportverein ansehen und sich dort auch beraten lassen. Wenn der Trainer von diesem Sport abrät, sollte man überlegen, ob der Trainer nicht vielleicht Recht hat und man mit dem Weißen besser etwas anderes macht. Auch bei Profis gehen solche sportlichen Betätigungen manchmal schief. Ein schlecht aufgebauter Hund kann eine Gefahr für sich und andere werden. Ein ungeeigneter Hund hat nichts in einer solchen Ausbildung verloren. Und auch nicht jeder Hundehalter ist geeignet. Im Prinzip kann jeder Hund – gleich welcher Rasse – diese Prüfung ablegen, sofern er körperlich und charakterlich geeignet ist. Die Ausbildung beginnt oftmals schon beim Welpen, mit dem man Zerrspiele mit Fetzen, Lappen, Handtüchern, Tauen ect als Vorbereitung für die „Mannarbeit" durchführt. Auch Gehorsamsübungen sowie erstes Heranführen an die Nasenarbeit sind beim Welpen schon möglich bzw auch wichtig. Der Hund soll den Schutzärmel als Beute ansehen, nicht den Menschen, der den Schutzärmel trägt. Kern der Prüfung sind die Verteidigung des Hundeführers durch den Hund gegen einen Scheintäter sowie die Selbstverteidigung des Hundes. Außerdem muss der Hund eine Fährte ausarbeiten und eine Unterordnung (Gehorsamsübungen) absolvieren. Der Hund soll zwar den Schutzärmel als Beute ansehen, aber bei schlecht aufgebauten oder ungeeigneten Hunden (oder ungeeigneten Trainern, Schutzdiensthelfern oder Hundehaltern) kann das auch schiefgehen. Solche Hunde können gefährlich werden. Andere Halter von Schutzhunden betonen dagegen, dass sie einen gut gehorchenden, wesensfesten Hund haben, der auch unter fester Kontrolle steht. Der Hund soll über Spiel und Motivation ohne wesentlichen Druck aufgebaut werden. Wer sich für diesen Sport interessiert, sollte mehrere Bücher zum Thema lesen, sich den Sport auf einem Hundeplatz persönlich ansehen und sich auch von einem kompetenten Trainer beraten lassen. Und nur geeignete Hunde und Menschen sollten diesen Sport unter strenger Kontrolle ausüben. Ein Hund ist keine Waffe! Mit dem Schutz eines Menschen hat dieser Sport nichts zu tun. Schutzhunde bei der Polizei, die ihren Hundeführer gegen Angreifer schützen sollen, durchlaufen eine andere Ausbildung als Schutzhunde, die „nur" sportlich geführt werden.

Hüten ist die ursprüngliche Aufgabe des Weißen Schweizer Schäferhundes. Heute wird er nur noch selten als Hütehund eingesetzt bzw ausgebildet. Die entsprechende Prüfung heißt Herdengebrauchshundprüfung (HGH) bzw Hütehundprüfung. Das Leistunsghüten wird jedoch auf Wettkampfebene noch heute durchgeführt. Für eine Leistungszucht ist neben der GHP auch eine HGH zugelassen. Allerdings wurde der Zusatz „Arbeitshund" aus dem Verwendungszweck des Standards getrichen, taucht jedoch bei der Wesensbeschreibung wieder auf, womit man ausdrücken will, dass die Rasse vielseitig ist und ausgebildet werden soll, aber zur Zucht keine Ausbildungskennzeichen (AKZ) notwendig ist, da viele Rüdenhalter ihre Rüden nicht zur Zucht bereitstellen würden, weil sie den Aufwand scheuen. Dennoch ist es für eine Rasse immer von Vorteil, wenn sie vielseitig ist – in der Ausbildung, in der Genetik und im Aussehen. Beim Leistungshüten wird das Zusammenspiel von Schäfer/ Hirte und Hund(en) bewertet, das Treiben und Zusammenhalten der Herde. Hütewettbewerbe haben eine lange Tradition. Schon vor der Gründung des SV 1899 trafen sich Schäfer zu Wettkämpfen mit ihren Herden und Hunden. Vieles muss den Hunden beigebracht werden, die Veranlagung zu Hüten liegt ihnen aber im Blut. Die Landesschafzuchtverbände veranstalten verschiedene Hütewettbewerbe, aber auch einige Hundevereine richten in Zusammenarbeit mit den Schafzuchtverbänden bzw regionalen Schäfervereinen Hütewettbewerbe aus. Der Schäfer und seine Hunde müssen als Team zusammenarbeiten. Sonst können die Aufgaben der Hüteprüfung nicht gelöst werden. Der Hund muss bei jedem Wetter einsatzfähig sein und seinem Schäfer und der Herde zur Seite stehen. Manche Herden bleiben das ganze Jahr über im Freien. Der Schäfer dirigiert die Hunde durch Pfiffe und Zurufe. Die Hunde müssen sehr gut ausgebildet sein und ein großes Vertrauen zum Schäfer an den Tag legen. Hütehunde müssen sich den Schafen gegenüber unter allen Umständen durchsetzen, notfalls auch durch Zwicken und Kneifen. Wilde Beißer und Kläffer sind aber unerwünscht! Bei der Prüfung hütet jeder Schäfer mit seinem eigenen Hund eine fremde Herde. Aufgaben der Hüteprüfung sind u.a. Ein- und Auspferchen der Herde, ein weites und ein enges Gehüt, Treiben der Schafe über eine Brücke und eine Straße, Verteidigung gegen einen Scheintäter. Weites Gehüt: die Schafe verteilen sich in einem größeren Umkreis, sodass der Hund sie auf weiter Fläche zusammenhalten muss. Enges Gehüt: Die Schafe haben wenig Platz auf der Weidefläche, sodass der Hund sie enger zusammen halten muss. Auch muss der Hund verhindern, dass die Schafe in Gärten, Felder ect einbrechen und dort Schäden anrichten oder wertvolle Kulturpflanzen anfressen.

Als **Therapiebegleithund** wird der Weiße Schweizer Schäferhund erfolgreich eingesetzt. Er muss freundlich und unerschrocken sein und plötzliche laute Geräusche, unangenehme Berührungen (z.b. kräftiges Ziehen am Ohr) usw klaglos ertragen können. Natürlich sollte man ihn aus der Situation entlassen, falls es ihm wirklich zuviel wird. Ein Therapiebegleithund begleitet eigentlich die Arbeit eines

Therapeuten, also beispielsweise eines Physio-, Ergo- oder Psychotherapeuten. Alles andere ist Besuchsdienst, was die Leistung des Hundes aber nicht schmälern soll. Der Hund muss körperlich gesund und geimpft sein, ggfs. entwurmt, er muss keine besondere Ausbildung haben. Er sollte aber einen guten Grundgehorsam besitzen, äußerst freundlich sein und schon von Welpe an lernen, dass jeder Mensch, egal wie er riecht und aussieht, ein potenzieller Spielpartner ist. Besuchs- und Therapiebegleithunde werden in Schulen, Kliniken, Gefängnissen, Seniorenheimen usw eingesetzt. Die Anforderungen sind unterschiedlich. Hier kann ein Powerpaket gesucht sein, dass stundenlang Ball spielt, dort ein Schmusehund, der sich stundenlang kraulen lässt. Man kann sich bei verschiedenen Einrichtungen (Seniorenheime, Kliniken, Kindergärten usw) erkundigen, ob ein Therapiehund gewünscht ist (oder auch ein Besuchshund). Natürlich muss das Wesen des Hundes überprüft werden und man sollte bedenken, dass man feste Termine wahrnehmen muss (z.B. einmal wöchentlich oder zweimal monatlich). Senioren oder Kinder sind häufig enttäuscht, wenn „ihr" Hund einmal nicht kommen kann. Sie freuen sich dann aber beim nächsten Besuch um so mehr. Ein Therapiebeleit- oder auch ein Besuchshund muss sehr wesensfest sein. Unangenehme Berührung (z.B. Ziehen am Ohr), plötzliche laute Geräusche, Menschengruppen, kranke, demente, verwirrte, körperlich oder geistig behinderte Menschen, Rollstuhlfahrer, Menschen mit Gehhilfe usw dürfen ihm nichts ausmachen bzw er sollte schon als Welpe und Junghund sorgfältig darauf sozialisiert werden. Man sollte seinen Hund gut beobachten und ihm eine Ruhepause gönnen, falls es ihm einmal zuviel wird. Die Besuche sind meist sehr anstrengend für den Hund. Man sollte ihm danach eine Ruhepause gönnen. Und zwischendurch braucht er natürlich weiterhin Beschäftigung, Auslauf und seine Kuschelstunden mit seiner Familie. Die Besuche müssen natürlich mit dem Pflegepersonal abgestimmt werden und man sollte sie sorgfältig vorbereiten. Der Hund sollte gehorsam und freundlich sein, und eventuell wird ein Wesenstest verlangt. Gründe für den Einsatz von Therapiebegleit- und Besuchshunden sind vielschichtig: psychische Krankheiten, körperliche Krankheiten, Animation zu bestimmten Bewegungsabläufen des Patienten, Beziehungsaufbau zu einem Tier, einfach die Freude, wieder ein Tier um sich zu haben...

Auch wenn die **Begleithundeprüfung** hier ziemlich am Ende auftaucht, ist sie die erste Prüfung, die ein Hund ablegen kann. Entsprechendes Training und die Möglichkeit zum Ablegen der Prüfung bieten Rassehundezuchtvereine, Hundesportvereine und auch einige Hundeschulen an. Möchte man mit dem Hund weitere Prüfungen ablegen oder an Hundesportprüfungen / Turnieren teilnehmen, wird in der Regel ein Nachweis über eine bestandene Begleithundeprüfung verlangt. Das Mindestalter für die Zulassung des Hundes liegt bei 15 Monaten. Der Mensch muss eine theoretische Sachkundeprüfung ablegen, in der z.B. Verhalten mit dem Hund in der Öffentlichkeit, Elemente des Hundeverhaltens usw abgefragt werden. Fragekataloge kann man im Internet, aber auch über die Hundevereine bekommen. Der Hund muss Leinenführigkeit zeigen, Freifolge, Sitz aus der Bewegung, Platz aus der Bewegung und Herbeirufen, Ablegen unter Ablenkung. Ein anderer Hundeführer vollführt mit seinem eigenen Hund die genannten Übungen, während der Prüflingshund ruhig und gelassen daneben liegt. Der HF steht in ca. 30 Schritt Entfernung mit dem Rücken zum Hund. Der Hund muss eine Menschenmenge durchqueren, einmal sitzen und einmal abliegen, und sich trotz unangenehmer Geräusche (z.B. Bahn) ruhig verhalten. Auch auf vorbeifahrende Autos muss der Hund gelassen reagieren. Auf einem normalen Gehweg/ Straße geht der Hundeführer mit seinem Hund entlang, während ein klingelnder Radfahrer und ein Jogger den Weg schneiden. Schließlich wird der Hund an einem Zaun o.ä. angebunden, während der HF außer Sicht geht

und ein zweiter Hund vorbeikommt. Der angeleinte Hund darf sich nicht aggressiv oder ängstlich gegenüber dem anderen Hund verhalten. Für manche Dinge ist sicher ein Hundeplatz nötig (z.B. Durchqueren einer Menschengruppe mit Hunden, Regenschirmen usw), anderes wie z.B. Grundsignale (Sitz, Platz usw), Leinenführigkeit, Bei-Fuß-Gehen bzw Grundgehorsam kann man auch alleine mit dem Hund zuhause und auf Spaziergängen trainieren.

An dieser Stelle möchte ich noch kurz auf den **Hundeführerschein** und den **Sachkundenachweis** eingehen. Sachkundenachweise, Wesenstests und Hundeführerscheine sind im Prinzip etwas Sinnvolles. Nicht sinnvoll ist es, solche Bedingungen an die Rassezugehörigkeit eines Hundes zu knüpfen.

Wesen und Charakter sind natürlich typisch für die einzelnen Rassen. Rassen werden auch nach gewissen Gesichtspunkten des Charakters gezüchtet. Das Wesen gilt als hocherblich, weshalb nur Hunde mit einwandfreiem Wesen, ohne Zeichen von Ängstlichkeit oder Aggressivität in die Zucht gehören. In der Regel kommen Welpen jedoch freundlich auf die Welt. Ein Hund ist nicht bösartig oder wesensschwach, weil er dieser oder jener Rasse angehört. Der Hundeführerschein ähnelt z.T. der Begleithundeprüfung, ist aber nicht identisch mit dieser. Auch viele Rassehundezuchtvereine verlangen in Zuchtzulassungsprüfungen im Wesenstest ähnliche Elemente. Nach meinen Informationen ist es in Niedersachsen für alle (!) Hundehalter Vorschrift, Sachkundenachweis & Wesenstest abzulegen. Der Hundehalter muss zusätzlich zum Hundeführerschein einen Sachkundenachweis schriftlich ablegen. Es handelt sich hierbei um Fragen im Multiple-Choice-Verfahren, d.h. der Hundehalter bearbeitet schriftlich einen Fragekatalog mit vorgegebenen Antworten, bei denen man eine oder mehrere richtige Lösungen heraussuchen muss. Die Themen hier sind u.a. Fragen zum Hundeverhalten, Ernährung, Erziehung, Verhalten mit dem Hund in der Öffentlichkeit, Hundehaltung usw. In der praktischen Prüfung müssen Herr & Hund ihre „Alltagstauglichkeit" unter Beweis stellen. Prüfer werten die schriftlichen Aufgaben aus und beobachten Herr & Hund im praktischen Teil. Herr & Hund müssen sich in der Öffentlichkeit bewegen, z.B. im Café, wenn der Hund unter dem Tisch liegt und der Kellner kommt. Der Hund soll sich in allen Situationen ruhig und gelassen verhalten. Das Verhalten des Hundes in einer belebten Einkaufspassage wird ebenso beurteilt wie beim Durchqueren einer Fußgängergruppe bzw beim Einkaufsbummel durch eine belebte Fußgängerzone. Der Hund darf weder Angst noch Aggression zeigen. Er darf seine Umwelt nicht gefährden oder belästigen. Es gibt in Deutschland mehrere Hundetrainer, Tierärzte und Tierverhaltenstherapeuten, die die Qualifikation haben, entsprechende Prüfungen abzunehmen. Der Hund muss angeleint an lockerer Leine ebenso laufen wie unangeleint. Es wird auch Gehorsam geprüft. Der Hund muss verschiedene Signale ausführen (Sitz, Platz, Bleib, Kommen auf Ruf). Der Hund wird außerdem an geeigneter Stelle angebunden und erhält ein Signal (Sitz, Platz oder Steh), während der Hundeführer außer Sicht geht. Erst nach Anweisung des Prüfers geht der HF zum Hund zurück. Diese Übung wird zuerst mit und in der zweiten Stufe ohne Leine durchgeführt. Der Halter muss außerdem zeigen, dass er seinem Hund problemlos Futter oder Spielzeug wegnehmen kann, und der Hund muss es sich ruhig gefallen lassen, dass der Hundehalter an ihm Zähne, Pfoten und Ohren kontrolliert und ihm einen Maulkorb anlegt. Der Hund muss sich von seinem Halter die Schnauze zubinden und von einer anderen Person problemlos anfassen lassen. In einer öffentlichen Grünanlage o.ä. findet ein Spaziergang o.ä. mit dem Hund statt. Es werden vom Richter festgelegte Gehorsamsübungen wie Sitz, Platz, Fuß ect abgefragt. Der Hund muss sich gegenüber Joggern, Spaziergängern, Radfahrern usw völlig gleichgültig bis freundlich verhalten. Es darf sich keine Angst oder Aggression zeigen. Zuerst mit dem angeleinten Hund, dann in Freifolge. Das Mensch-Hund-Team kann mit Radfahrern, Rollstuhlfahrern, Kinderwagen, Spaziergängern, Rindern, Pferden, Hühnern, Katzen, Enten, Wild usw konfrontiert werden. Der Hund soll sich möglichst freundlich bis gleichgültig verhalten. Mit dem angeleinten Hund muss eine Menschengruppe durchquert werden. Der Hund wird unter Ablenkung abgelegt. Im innerstädtischen Bereich wird ebenfalls eine Prüfung abgelegt. Hier können verschiedene Elemente vorkommen: mit anderen Personen im Lift fahren, HF und Hund begegnen auf einem schmalen Weg anderen Personen, HF & Hund kehren kurz in ein Café ein, fahren Bus oder Bahn, gehen an einer stark befahrenen Straße entlang. Der Hund muss wieder an lockerer Leine gehen, Sitz, Platz und Steh zeigen. Korrekturworte sollten ggfs. bedarfsgerecht vom HF eingesetzt werden. Andernfalls fordert der Richter dazu auf.

Literatur

BÜCHER

Weiße Schweizer Schäferhunde

Calumn Rankin; All-white Progenitor: The German Shepherd Dogs (Englisch); U-pfront Publishing, 2002, ISBN 1844260224 / 978-1844260225

Paul D. Strang/ Stephen A. Berman/ M. Eileen Hildrup; The White German Shepherd Book (Englisch); Medea Publishing, 1983, ISBN 0911039007 / 978-0911039009

Gaby und Peter von Döllen / Monika Bender; Weisse Schäferhunde; Verlag von Döllen, 1996

Gaby und Peter von Döllen; Weiße Schäferhunde KOMPAKT; Verlag von Döllen / Books on Demand, 2000, ISBN 3-933055-16-4

Gaby und Peter von Döllen / Monika Bender; Weiße Schäferhunde CLAS-SIC; Verlag von Döllen, 2003, ISBN 3-933055-14-8

Gaby und Peter von Döllen; Weiße Schweizer Schäferhunde – Aktiv, Sport-lich, Anhänglich; Cadmos, 2010, ISBN 978-386127875-7

Silvia Fay; Der Schweizer Weiße Schäferhund; Books on Demand, 2012, ISBN 9783848204984

Corinna Sommerfeld; Der weiße Schäferhund; Selbstverlag, 1993

Corinna Sommerfeld; Der weiße Schäferhund.. Ein Wolf im Schafspelz; Selbst-verlag, 1995

Carola Mackensen; Unser Traumhund: Weisser Schweizer Schäferhund; MyDog-Books / Books on Demand, 2012, ISBN 978-3-8482-1126-5

Gabi Frei-Dora; Der Berger Blanc Suisse – Der Weiße Schäferhund; Müller-Rüschlikon, 2004, ISBN 3-275-01495-1

Evelyn Major; Der Amerikanisch-Canadische Weiße Schäferhund; Verlag Weisse Schäferhund Union, 1987

Evelyn Major / Brigitte Toll; Der Weiße Schäferhund; Verlag Major / Toll, 2001

Martin Faustmann; Die Wahrheit über den Amerikanisch-Canadischen Wei-ßen Schäferhund

Ruut Tilstra; Uit de schaduw in he licht: De Witte Herder (Niederländisch); Circum Publishing B.V., 2002, ISBN 90-77002-07-3

Ruut Tilstra; De Amerikaans-Canadese Witte Herder (Niederländisch); Veltmann Uitgevers B.V., 1995, ISBN 9062488021

Annette Schmitt; Weißer Schweizer Schäferhund; Bede / Ulmer, 2010, ISBN 978-3-8001-9866-5

Jean Reeves / Diana L. Updike; White Shepherd (Englisch); Kennel Club Books, USA, 2008, ISBN 1-59378-589-5

Bénédicte Michoux / Daniel Jumentier / Philippe Gérard; Weißer Schäfer-hund -HEUTE-; Kynos, 2001, ISBN 3-933228-36-0

Klaus Hinrichsen; Mein Weißer Schäferhund-Welpe kommt ins Haus. Sozialisation und Prägung bei Welpen. Weisse Schweizer Schäferhunde: Erziehung, Ernährung, Pflege und Vorsorge bei Welpen; Books on Demand, 2012, ISBN 978-3-84821-273-6

Klaus Hinrichsen; Der Weiße Schäferhund; Books on Demand, 2000, ISBN 3-89811-715-4

Klaus Hinrichsen; Weißer Schweizer Schäferhund – Berger Blanc Suisse; Books on Demand, 2013, ISBN 978-3-73229-024-6

De Maryline Vigne; 30 années au côté du Berger Blanc Suisse; Amazon, 2018, ISBN 9781980937944 (Französisch)

L'éducation du Berger Blanc Suisse; Mouss le chien, 2021, ISBN 9782381760650 (Französisch)

Marie-Paule Daniels-Moulin; Le Berger Blanc; De Vecchi, 2016, ISBN 978-2-7328-9819-3 (Französisch)

Pascale et Pascal Grappin; Le Berger Blanc Suisse; Artémis, 2019, ISBN 9782816015744 (Französisch)

Erziehung, Ausbildung, Beschäftigung, Sport, Verhalten

Gabriele Lehari; Hundeverhalten; Cadmos, 2007, ISBN 978-386127799-6

Barbara Schöning; Hundeverhalten; Kosmos, 2008, ISBN 3-440-11181-9

Dorit Feddersen-Petersen; Ausdrucksverhalten beim Hund; Kosmos, 2008, ISBN 3-440-09863-9

Dorit Feddersen-Petersen; Hundepsychologie; Kosmos, 2004, ISBN 3-440-09780-9

Urs Ochsenbein; Die Hundeausbildung nach Urs Ochsenbein; Müller-Rüschlikon, 2004, ISBN 3-275-01498-6

Petra Führmann / Nicole Hoefs / Iris Franzke; Das große Kosmos-Spielebuch für Hunde; Kosmos, 2012, ISBN 3-440-11628-9

Liesel Baumgart; Agility und andere Hundesportarten; Falken, 1996, ISBN 3-8068-4873-4

Jochen Becker/ Bettina Becker; Dogs with Jobs – Über tierische Helfer, Hel-den mit kalter Schnauze und vierbeinige Kollegen; Cadmos, 2009, ISBN 978-386127870-2

Franz Heyer; Hunde gegen den Weißen Tod – Von großen Lawinenunglücken, der Abrichtung und der Leistung alpiner Rettungshunde; Albert Müller Verlag, 1966

Gabriele Metz/ Esther Schalke; Hundeführerschein & Sachkundenachweis; Kosmos, 2012, ISBN 3-440-13248-7

Celina Del Amo; Spiel- und Spaßschule für Hunde; Ulmer, 2006, ISBN 3-8001-4965-6

Katharina Schlegl-Kofler; Welpen-Erziehung; Gräfe und Unzer, 2016, ISBN 978-3-8338-1171-5

Katharina Schlegl-Kofler; Der 6-Stufen-Plan Hundeerziehung; Gräfe und Unzer, 2014, ISBN 978-3-8338-3402-8

Katharina Schlegl-Kofler; Hundeschule für jeden Tag; Gräfe und Unzer, 2006, ISBN 3-7742-1397-6

Katharina Schlegl-Kofler; Das große GU-Praxishandbuch Hunde-Erziehung; Gräfe und Unzer, 2006, ISBN 3-7742-8844-5

Nicole Röder; Hundetraining mit Spaß; Cadmos, 2014, ISBN 978-384042509-7

Sabine Bruns / Frank Lausberg; Sport mit dem Hund; Cadmos, 2006, ISBN 978-386127792-7

Dorothee Schneider / Armin Hölzle; Fährtentraining für Hunde; Kosmos, 2005, ISBN 3-440-10132-2

Lothar Schilling; Nasenarbeit: Von Schnüffelspielen bis zum Sucheinsatz; Müller-Rüschlikon, 2016, ISBN 978-3-275-02072-0

Bodo Hause/ Alfons Fieseler; Nasenarbeit – Ausbildung und Einsatz von Spezial- und Suchhunden; Ulmer, 2010, ISBN 3-8001-5684-9

Anne Lill Kvam; Spurensuche – Nasenarbeit Schritt für Schritt; Animal Learn Verlag, 2005, ISBN 978-3-936188-20-2

Uta Reichenbach/ Gabriele Lehari; Der zuverlässige Begleithund; Örtel + Spörer, 2009, ISBN 978-3-88627-823-7

Robert Boulanger/ Gabriella Trautmann Zenoni; Mantrailing – Teamarbeit mit Nase und Verstand; Örtel + Spörer, 2013, ISBN 978-3-88627-850-3

Viviane Theby/ Michaela Hares; Das große Schnüffelbuch – Nasenspiele für Hunde; Kynos, 2013, ISBN 978-3-942335-01-0

Paul Kufner; Fährtenpraxis in Wort und Bild; Ebner, 2007, ISBN 978-3-934726-07-9

Milan Hoyer/ Klaus Jadatz; Fährtenarbeit; Örtel + Spörer, 2015, ISBN 978-3-88627-866-4

Manfred Müller; Der leistungsstarke Fährtenhund; Örtel + Spörer, 2004, ISBN 3-88627-812-3

Werner Biereth; Fährtenarbeit – Spurensuche mit dem Hund; Cadmos, 2008, ISBN 978-386127732-3

Kristina Falke / Jörg Ziemer; Spiel und Sport für Hunde; Kosmos, 2014 ISBN, 3440137732

Frank Rosell; Die Welt der Gerüche – Spezial-Spürhunde im Einsatz; Kynos, 2017, ISBN 395464133X

Martin Rütter; Hundetraining mit Martin Rütter; Kosmos, 2006, ISBN 978-3-440-10827-7

Martin Rütter; Angst bei Hunden; Kosmos, 2008, ISBN 3-440-10828-4

Martin Rütter; Aggression beim Hund Kosmos, 2011, ISBN 3-440-12421-5

Renate Jones; Aggression bei Hunden; Kosmos, 2009, ISBN 3-440-11449-0

Anton Blome; Mein Hund und ich! – Unterordnung, Fährtenarbeit und Schutzdienst; Kynos, 2003, ISBN 3-933228-61-1

Martina Stricker; Flächensuche mit Hund – Vom Freizeitspaß bis zur Vermiss-tensuche; Müller-Rüschlikon, 2018, ISBN 978-3-275-02139-0

Thomas Baumann; Neue Wege der Polizeihundeausbildung; Kynos, 1996, ISBN 393853401X

Ina und Thomas Baumann; ZOS – Zieloobketsuche; Kosmos, 2016, ISBN 978-3440151037

Ute C. Fallscheer; Trainingsbuch Fährtenarbeit; Kosmos, 2020, ISBN 978-3440163580

Wardeck-Mohr, Barbara; Geniale Hunde und ihre verblüffenden Fähigkeite; Müller-Rüschlikon, 2022; ISBN 978-3-275-02256-4

Schaal, Monika; Hundeerziehung - Einfach geht auch!; Müller-Rüschlikon, 2017; ISBN 978-3-275-02061-4

Hoefs, Nicole/ Führmann, Petra/ Franzke, Iris; Das Kosmos Erziehungspro-gramm für Hunde; Kosmos, 2016; ISBN 978-3-440-13412-2

Mück, Matthias; Gerüche erkennen und anzeigen; Kosmos, 2022; ISBN 978-3-440-17285-7

Ernährung

Martina Schöps; Meine Kekse!; Kynos, 2010, ISBN 978-3-942335-03-4

Susanne Reinerth; Natural Dog Food; Books on Demand, 2005, ISBN 3-8334-3063-X

Ute Rott; Wohl bekomm's! – Dein Hund ist, was er frisst!; Philo Canis, 2016, ISBN 978-3-9818307-0-5

Brigitte Rauth-Widmann; 1x1 der Rohfütterung – Hunde artgerecht ernähren mit BARF; Kosmos, 2009, ISBN 3-440-11851-1

Raphaela Koller; BARF-Rezepte; Örtel + Spörer, 2014, ISBN 978-3-88627-847-3

André Seeger; BARF für Hunde; Gräfe und Unzer, 2015, ISBN 978-3-8338-4844-5

Danja Klüver; BARF – Rohfütterung für Hunde; Kosmos, 2016, ISBN 978-3-440-14796-2

Martina Balzer; Mein Hund gesund durch Frischfütterung; Müller-Rüschlikon, 2013, ISBN 978-3-275-01913-7

Iris Dürrschmidt; BARF – Bereit, alles roh zu füttern? Ratgeber zur gesunden Ernährung Ihres Hundes; Verlag Iris Dürrschmidt, 2015, ISBN 978-3-00-047131-5

Sabine Schäfer/ Barbara Messika; BARF Junior – Artgerechte Rohernährung für Welpen und Junghunde; Kynos, 2012, ISBN 978-3-938071-46-5

Sabine Schäfer / Barbara Messika; BARF – Artgerechte Rohernährung für Hunde; Kynos, 2013, ISBN 978-3-938071-11-3

Jaqueline von der Höh; Biologische Rohfütterung für Ihren Hund; Books on Demand, 2010, ISBN 978-3-8423-2578-4

Swanie Simon; BARF – Biologisch Artgerechtes Rohes Futter für Welpen; Ver-lag Drei Hunde Nacht, 2012, ISBN 3939522015

Swanie Simon; BARF – Biologisch Artgerechtes Rohes Futter; Verlag Drei Hun-de Nacht, 2014, ISBN 3939522007

Swanie Simon; BARF Senior – Biologisch Artgerechtes Futter im Alter und bei Er-krankungen; Verlag Drei Hunde Nacht, 2012, ISBN 3939522023

Gudrun Müller; Gesunde Ernährung für Weiße Schäferhunde – Ratschläge und Kochrezepte zur Ernährung für einen gesunden Weißen Schweizer Schäfer-hund; Müllers Service GbR, 2019, ISBN 978-3000640049

Gesundheit

Michaela Stark, Bachblüten für Hunde; Cadmos, 2002, ISBN 3-86127-774-3

Angela Knocks-Münchberg; Kräuterbuch für Hunde; Cadmos, 2014, ISBN 978-384042038-2

Angela Münchberg; Hunde homöophatisch selbst behandeln; Cadmos, 2003, ISBN 3-86127-728-X

Tina von der Brüggen / Camilla Fischer; Naturheilverfahren für Hunde; Örtel + Spörer, 2015, ISBN 978-3-88627-870-1

Gaby Haag; Naturheilpraxis für Hunde; Kynos, 2011, ISBN 978-3-942335-16-4

Barbara Rustige; Hundekrankheiten; Kosmos, 1999, ISBN 978-3-440-07798-6

Silke Meermann; Handbuch Hundekrankheiten; Cadmos, 2007, ISBN 978-386127795-8

Sylvia M. Linnmann; Die Hüftgelenksdysplasie des Hundes; Parey, 1998, ISBN 3-8263-3213-X

Sylvia M. Linnmann; Die Hüftgelenksdysplasie des Hundes; 2. Aufl., Veterinär-spiegel / Schäfermueller Publishing, 2012, ISBN 978-3-86542-013-8

Dr. Valeska Furck; HD – was nun?; Cadmos, 2005, ISBN 3-86127-784-0

Dr. Kirsten Häusler / Barbara Friedrich; HD beim Hund; Kynos, 2011, ISBN 978-3-942335-12-6

Jennifer Nehls; Physiotherapie und Wellness für Hunde; Books on Demand, 2009, ISBN 9783839103944

Tina Werner; Wellness für Hunde – Massage und Physiotherapie für jeden Tag; Örtel + Spörer, 2010, ISBN 978-3-88627-824-4

Beate Warnat / Dorothee Kühnau; Hunde-Physiotherapie; Cadmos, 2016, ISBN 978-384042041-2

Kerstin Hasse-Schwenkler; Physiotherapie für Hunde; Kynos, 2007, ISBN 978-3-933228-53-6

Genetik und Zucht

Volker Wienrich; Grundlagen der Vererbung und Züchtung beim Hund; VKSK

Inge Hansen; Handbuch der Hundezucht; Rüschlikon, 2003, ISBN 3-275-01307-6

Inge Hansen; Vererbung beim Hund; Müller-Rüschlikon, Neuaufl. 2008, ISBN 978-3-275-01652-5

Inge Hansen; Vererbung beim Hund; Müller-Rüschlikon, 2001, ISBN 3-275-01396-3

Eva-Maria Krämer / Ulrike Siegel; Hundezucht für Einsteiger; Cadmos, 2000, ISBN 3-86127-706-9

Friedmar Krautwurst; Fachwörterbuch für Hundezüchter und Hundehalter; Kynos, 2004, ISBN 3-933228-88-3

Friedmar Krautwurst; Praktische Genetik für Hundezüchter; Kynos, 2002, ISBN 3-933228-52-2

Bernard Denis; Die Haarfarben des Hundes; Schriftenreihe der Hundeforschungsstelle des Österreichischen Kynologischen Verbandes / Eigenverlag ÖKV / Jugend & Volk Verlagsgesellschaft mbH, 1990, ISBN 3-224-10730-8

Marca Burns/ Margaret N. Fraser; Die Vererbung des Hundes; Örtel + Spörer, 1968

Anna Laukner u.a.; Die Genetik der Fellfarben beim Hund; Kynos, 2017, ISBN 978-3954641505

Anatomie

Eric Aldington / Friederun Stockmann; Vom Körperbau des Hundes; Kynos / Gollwitzer; ISBN 978-3-938071-31-1

Kerstin Mielke; Die Anatomie des Hundes; Cadmos, 2007, ISBN 978-386127793-4

Roel und Piet Beute-Faber; Atlas der Hunde-Anatomie; Kynos, 2008, ISBN 978-3-924008-43-7

Sonstige

Willi Dolder (Hrsg.); Hunde: Abstammung – Anschaffung – Erziehung – Pflege – Rassen; Lingen, 1992

Ulrich Klever; Knaurs Hundebuch; Droemer'sche Verlagsanstalt Th. Knaur Nachf., 1959

Ulrich Klever; Knaurs Hundebuch; Droemer / Knaur, überarb. Aufl. 1973, ISBN 3-426-00306-6

Ulrich Klever; Knaurs Grosses Hundebuch; Dromer / Knaur / Weltbild, 1999, ISBN 3-8289-1553-1

Elli Radinger / Günther Bloch; Wölfisch für Hundehalter; Kosmos, 2010, ISBN 3440122646

Karl-Hermann Finger; Hirten- und Hütehunde; Ulmer, 1996, ISBN 3800173255 / 978-3800173259

Jutta Ziegler; Hunde würden länger leben, wenn… Schwarzbuch Tierarzt; MVG, 2011, ISBN 978-3-86882-234-2

Hans-Ulrich Grimm; Katzen würden Mäuse kaufen – Schwarzbuch Tierfutter; Heyne, 2009, ISBN 978-3-453-60097-3

Hans Räber; Die Schweizer Hunderassen; Verlag Schweizerische Kynologi-sche Gesellschaft, 2008, ISBN 978-3-033-01523-4

D. Brian Plummer; Polly – A White German Shepherd; Perry Green Press, 1999, ISBN 1-902481-04-6

Lo Lorey; Die Begegnung – Tobi, mein Freund; Marsh & Marsh, 2016, ISBN 978-3-945295-69-4

Peter Grochowy; Die Abenteuer von Schnuppke Kaluppke & Wackelmax von Ü.; Tredition, 2015, ISBN 978-3-7323-2571-9

Gaby von Döllen; White Frost – Abschied von Atlantis; Books on demand / Verlag von Döllen, 2004, ISBN 3-933055-31-8

Gaby von Döllen; White Frost – Nellys Traum Verlag von Döllen, 2006, ISBN 3-933055-32-6

Gaby von Döllen; White Frost – Aquamarin; Books on Demand, 2013, ISBN 9-783732-290086

Gaby von Döllen / Brigitte Toll / Peter von Döllen (Hrsg.); Laila, der Weiße Schäferhund und andere Geschichten; Verlag von Döllen, 1997, ISBN 3-9933055-008

Anna Laukner; Deutscher Schäferhund; Kosmos, 2010, ISBN 978-3440122143

Max von Stephanitz; Der Deutsche Schäferhund in Wort und Bild; Fach-buch-verlag Dresden, 2015, Nachdruck der Auflage von 1921, ISBN 9783956926211 / 3956926218

Melany de Isabeu; Sanara – Eine wahre Geschichte; Books on Demand, ISBN 9783751916585

ARTIKEL AUS ZEITSCHRIFTEN / BROSCHÜREN / SONSTIGE

Der Weiße Schäferhund; Infobroschüre des BVWS

Zuchtbücher des BVWS 2011-2014

Peter von Döllen; Molekulargenetische Untersuchung der HD; aus: Der Weiße Schweizer Schäferhund 1/2006, BVWS

Birgit Stoll; Der Weiße Schäferhund in Deutschland – Anfänge und Zucht; aus: Der Weiße Schäferhund, 1/2003, BVWS

Eva-Maria Krämer; Der Schweizerische Weiße Schäferhund; aus: Das Deut-sche Hundemagazin, 5/2003

Dr. Angelika Huber; Der Weiße Schäferhund – Weiß ist Trumpf; aus: Partner Hund, Juni 2002

Brigitte Toll; Weiße Schweizer Schäferhunde – VDH lud zur Vorregistrierung; aus Der Hund, 6/2003

Dr. Angelika Huber; Der Weiße Schäferhund – Der mit den Wolken tanzt; aus: Partner Hund

Eva-Maria Krämer; Schäferhunde: Deutscher Schäferhund, Langhaarschä-ferhund und Weißer Schäferhund im Vergleich; aus: Das Deutsche Hunde-magazin, 8/2001

Peter von Döllen; VDH nimmt Verein für Weiße Schweizer Schäferhunde auf; aus: Das Deutsche Hundemagazin, 1/2005

Weiße Schweizer Schäferhunde – Vom strahlenden Weiß verzaubert (Inter-view mit Birgit Stoll); aus: Der Hund, 9/2004

Eva-Maria Krämer; Deutscher Schäferhund und Weißer Schweizer Schäfer-hund; aus: Das Deutsche Hundemagazin, 1/2006

Gudrun Aulbach; Rasseporträt Weißer Schweizer Schäferhund; aus: Der Hund, 5/2007

Eva-Maria Krämer; Die Schweizer Hunderassen; aus: Das Deutsche Hunde-magazin, 4/2009

Ursula Känel; Eine neue Schweizer Rasse: Berger Blanc Suisse + Rasse-Porträt Berger Blanc Suisse; aus: Hunde, 4/2003, Schweiz

Menschen über ihren Weißen Schäferhund: Außen Wolf, innen Lamm; aus: Partner Hund, Februar 2010

Liane Rauch; Der Weiße Schweizer Schäferhund – Ein Weltenbummler kehrt zu-rück; aus: Hundemagazin Wuff 10/2010

Bettina Bodner; Gefühlswelt mit bewegter Vergangenheit: Weißer Schweizer Schäferhund; aus: Your Dog Magazin, 4/2014

Gabriele Heller; Weiße Schäferhunde: Die Heimkehr der Weißen Schäfer-hunde; aus: Das Tier, Juli 1990

Regina Käsmayr; Weißer Schweizer Schäferhund – Ganz in Weiß; aus: Der Hund, 10/2016

Wiederentdeckt: Der Amerikanisch-Canadische Weiße Schäferhund; aus: Part-ner Hund, 5/1995

Saskia Brixner; Der Weiße Schäferhund – Perle im Licht der Sonne; aus: Part-ner Hund, 1/1997

Liane Rauch; Der Weiße Schweizer Schäferhund; aus: Hundemagazin WUFF, 9/2017

INTERNET

Mittelpunktbären (Maren Seker, wunderschöne handgenähte Teddys und Hunde): www.mittelpunktbaeren.de

Zooplus (Futtermitel, Zubehör & Co.): www.zooplus.de

Nathalie Dillitzer (Futterergänzung): www.futtermedicus.de

Lilly's Bar (Futterergänzung & Co.): www.lillysbar.de

Fressnapf (Futtermittel, Zubehör & Co.): www.fressnapf.de

Elli Radinger (Wölfe & Hunde): www.elli-radinger.de

Weiße Schweizer Schäferhunde (Gaby und Peter von Döllen): www.weisse-schaeferhunde.de

1. Weiße Schäferhunde e.V. Einheit (1. WS e.V. Einheit): www.1-ws.de

Bundeverein für Weiße Schweizer Schäferhunde (BVWS): www.bvws.info

Rassezuchtverein für Weiße Schweizer Schäferhunde: www.rws-ev.info

Verband für das Deutsche Hundewesen (VDH): www.vdh.de

Österreichischer Kynologischer Verband (ÖKV): www.oekv.at

Schweizerische Kynologische Gesellschaft (SKG): www.skg.ch

Gesellschaft Weisse Schäferhunde Schweiz: www.berger-blanc-suisse.ch

Weisser Schweizer Schäferhund Klub Österreich: www.weisse-schaefer.at

Weiße Schweizer Schäferhunde „Everlasting Shadows":

www.trend-planung.de/ES-HP/Seite/kontakt.htm

Weiße Schweizer Schäferhunde „vom Werntal":

www.weisse-schaeferhunde-werntal.de

Weitere Bücher von der Autorin:

Das kleine Buch vom Deutschen Boxer; Books on Demand, 2020, ISBN 9783750469006; 13,00 €

Das kleine Buch vom Deutschen Spitz; Books on Demand, 2.,überarb. Aufl. 2018, ISBN 9783744892896, 15,99 €

Das kleine Buch vom Dobermann; Books on Demand, 3., überarb. Aufl. 2020, ISBN 9783751930895; 16,99 €

Das kleine Buch vom Samojeden; Books on Demand, 5., überarb. Aufl. 2021, ISBN 9783755758570, 17,00 €

Das kleine Buch vom Tschechoslowakischen Wolfshund und Saarlooswolf-hond; Books on Demand, 4., überarb. Aufl. 2020, ISBN 9783751959407; 25,00 €

Das kleine Buch vom Weißen Schweizer Schäferhund; Books on Demand, 2., überarb. Aufl. 2018, ISBN 9783743192508, 16,99 €

Das kleine Buch vom Wellensittich; Books on Demand, 2017, ISBN 9783743192508, 16,99 €

Das kleine Katzenbuch; Books on Demand, 2017, ISBN 9783743180116, 22,99 €

Das kleine Schlittenhunde-Buch; Books on Demand, 2018, ISBN 9783748107194; 18,00 €

Das kleine Schnüffelbuch; Books on Demand, 2020, ISBN ISBN 9783751902267; 14,99 €

Das Seidenpfotenbuch; Books on Demand, 2018, ISBN 9783749470549; 20,99 €

Deutsche Spitze: (Nicht ganz) Vergessen und doch geliebt; Books on Demand, 2020, ISBN 9783750434660

Eisenach: Die Stadt am Fuße der Wartburg; Books on Demand, 2018, ISBN 9783752876659, 22,99 €

Eisenach: Die Stadt im grünen Herzen Thüringen; Books on Demand, 2020, ISBN 9783751954976; 17,00 €

Eisenach: Ein Bilderbuch; Books on Demand, 2018, ISBN 9783752802733, 9,99 €

Katzen: Liebenswerte Seidenpfoten; Books on Demand, 2018, ISBN 9783752839920; 12,00 €

Nasenarbeit für Hunde; Books on Demand, 2018, ISBN 9783752849660, 18,99 €

Ratten sind auch nur große Mäuse. Kleine Fellnasen mit großem Herz; Books on Demand, 2., überarb. Aufl. 2022, ISBN 9783751923262; 4,99 €

Rund um die Wartburg; Books on Demand, 2017, ISBN 9783746046945, 19,99 €

Schlittenhunde: Ein Bildband; Books on Demand, 2., überarb. Aufl. 2018, ISBN 9783746077505; 30,00 €

Weiß wie Schnee und Schwarz wie Ebenholz: Weißer Schweizer Schäfer-hund; Books on Demand; 2019, ISBN 9783749454211; 10,00 €

Weiße Schweizer Schäferhunde einmal anders; Books on Demand, 2018, ISBN 9783752895605; 16,99 €

Weiße Schweizer Schäferhunde: Perlen im Licht der Sonne; Books on De-mand, 2018, ISBN 9783746066103; 20,99 €

Wellensittiche: Liebenswerte Flatterbande; Books on Demand, 2019, ISBN 9783732290390; 15,00 €

Wellensittiche; Books on Demand, 2018, ISBN 9783746098517; 20,99 €

Ratten: Liebenswerte Riesenmäuse.; Books on Demand, 2., überarb. Aufl. 2022, ISBN 9783752659412; 10,00 €

Treue Freunde; Books on Demand, 2021; ISBN 9783753478654; 14.00 €

Das andere Katzenbuch; Books on Demand, 2021, ISBN 9783754325346; 7,00 €

Das andere Pferdebuch; Books on Demand, 2021, ISBN 9783755741541; 12,00 €

Das kleine Buch vom Parson Russell Terrier; Books on Demand, 2022, ISBN 9783756855803; 17,00 €